打开心世界·遇见新自己
HZBOOKS PSYCHOLOGY

感性理性系统分化说

情理关系的重构

程乐华 著

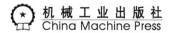

图书在版编目（CIP）数据

感性理性系统分化说：情理关系的重构 / 程乐华著 . -- 北京：机械工业出版社，2021.3（2022.8 重印）
ISBN 978-7-111-67649-2

Ⅰ. ①感… Ⅱ. ①程… Ⅲ. ①感性－研究 ②理性－研究 ③人格－研究 Ⅳ. ① B017 ② B825

中国版本图书馆 CIP 数据核字（2021）第 037459 号

人们对实际生活中的信息有理性与感性两种加工方式，这两种方式会对外显行为或信念造成不同的影响。两种系统在认知过程上的主要区别在于，理性系统更多地使用工作记忆解决特异性问题，而感性系统更多地依赖内隐知识解决适应性问题。这就是双系统理论。

本书作者从 2008 年起研究心理学艺术化，多有理论和工具创新，并通过多年的观察和实验设计不断进行修正。作者在已有的双系统理论的启发下，总结和发展出了"感性理性系统分化说"这一人格理论，根据双系统与遗传和社会化这两个维度，将人格分成了四种类型，详细分析了每种人格类型的特质及其在生活、工作、人际交往等社会领域中的应用。本书实现了生态实用性和实验实证性的有效结合，达成了理论价值和实践价值的统一，对读者来说非常具有启发性，在国内外人格理论领域均具有开创性意义。

感性理性系统分化说：情理关系的重构

出版发行：机械工业出版社（北京市西城区百万庄大街 22 号　邮政编码：100037）	
责任编辑：蒋雪雅	责任校对：马荣敏
印　　刷：固安县铭成印刷有限公司	版　　次：2022 年 8 月第 1 版第 3 次印刷
开　　本：170mm×230mm　1/16	印　　张：13.75
书　　号：ISBN 978-7-111-67649-2	定　　价：79.00 元

客服电话：（010）88361066　88379833　68326294　　投稿热线：（010）88379007
华章网站：www.hzbook.com　　读者信箱：hzjg@hzbook.com

版权所有·侵权必究
封底无防伪标均为盗版

﹡ ﹡ ﹡ ﹡ 序言

在发展我的理论时，我为什么使用了理性和感性，而不是其他双系统理论术语，如系统化共情、认知经验，或者第一系统和第二系统？概念的选取主要有两个策略，一是学术定位准确，二是便于传播。系统化共情、认知经验都是追求学术定位准确的概念，但传播效果有限；第一系统和第二系统指代不够明确，学术定位不够准确。相比较而言，理性、感性这两个词作为学术概念和常识概念，意义差距较小，在传播上是最好的选择，而且对社会科学领域中的有限理性、适应性理性等重要学术概念也有传承。综合学术习惯和传播效果，理性、感性概念的整体功效是最好的。即使存在界限模糊的问题，在学术领域也可以通过理论定义进一步明确理性和感性各个层面的内涵和外延，提升学术定位准确性。试用之后，我发现它们确实比较利于和学生已有经验联结，但需要进行概念定义的统一，在学习中剥离一些日常概念造成的误解，这样就能取得一致正确的理解。

感性理性系统分化说（简称感理分化说）让我意识到，每个人看书的习惯不同，无论内容怎么编排都很难适应所有人。但所有人格理论的学习都需要实践带动，否则就是对一堆符号概念的记忆而已。从过往学员的学习情况看，如果不去实践，很难区分感性理性系统分化说和其他理论的优劣。所以，我建议大家在读完第 3 章"分化类型及动力变化"后，马上实践，可借鉴第 5 章"学习难点及典型问题分析"这一辅助实践的章节。借助这个辅导性章节，读者可以自行选取和自己生活相近的案例进行对照阅读和判断，从而快速积累判断经验，并降低失误率。然后重复阅读 5.1 节，优化自己对判断的理解和实践效果。这样就可以拥有感性理性系统分化说的分析视角，有助于理解第 4 章的内容。如果还是不能清晰把握，就需要参加专业的学习班，由受训且通过考核的导师来帮助纠偏，提升判断力和理论的使用效率。

在理论的提出和发展过程中，非常感谢赵志裕老师介绍认知经验理论给我，虽然他可能不记得了。还要感谢伴随这个理论成长的研究生，从 2012 级到 2018 级，他们给我提供了大量案例和研究上的支持。尤其感谢陈希、刘曦霖，他们一直在帮我厘清新提出的各种新概念和理论。此外，我要感谢书稿形成过程中，杨雪飞帮我整理案例，王堂指、曾韵帮我组织第一稿。感谢上过我的通识课的几千名学生，在我历时 6 年的教学中，是你们让我真正看到了这个理论的各种可能性，促使我不断发现理论的盲区，进一步研究、对比、修正，让理论更完善，不断提升理论的解释和预测水平。我还要感谢我的学术生涯中每一次课题组研究主题的变化及随之而来的人员变化，正是对这些人员变迁的反思和研究促使我发现了更多的个体差异及其背后的机制，对这些机制的认识让我成功避免再一次掉入同一陷阱。最重要的是，该理论能帮助更多人的研究和实践。总而言之，期待每个学过这个理论的人都"升级"成功，拥有更自由的人生，就像之前它带给我周围的人的效果一样。

程乐华

目录

序言

001 第1章 双系统理论在人格心理学中的核心地位

002 1.1 人格的类型理论与特质理论
004 1.2 认知 – 情感人格系统理论
005 1.3 双系统理论

013 第2章 感理分化说

014 2.1 遗传和社会化矛盾视角是怎么产生的
019 2.2 遗传和社会化的交互作用
039 2.3 促进感性、理性分化的方式
044 2.4 去自我中心与感理分化说

051 第3章 分化类型及动力变化

052 3.1 理理：我思故我在

058　3.2　感感：感受即真实

060　3.3　理感的感：生硬的触角

062　3.4　感理的理：坚固的躯壳

069　3.5　能量

075　3.6　哪个分化类型最好

081　3.7　未分化的人适用于感理分化说吗

082　3.8　尴尬情绪和社会化理性的关系

085 ＊ 第 4 章　感理分化说的应用

086　4.1　自我发展：去自我中心化

090　4.2　自我与他人

105　4.3　人在职场

113　4.4　人与世界

145 ＊ 第 5 章　学习难点及典型问题分析

146　5.1　分化类型的判断

155　5.2　以问题为中心的处理方法案例集

181　5.3　按分化类型整理的人际关系问题解决案例集

188　5.4　可供性概念的掌握

193　5.5　有待进一步研究的主题

200 ＊ 参考文献

209 ＊ 后记

第 1 章

双系统理论在人格心理学中的核心地位

1.1 人格的类型理论与特质理论

人格心理学是心理学领域比较热门的研究方向。科学的人格理论包括"类型"和"特质"角度的理论，即人格的类型理论和特质理论。

依据某一个特质来对人格加以分类的理论可称为人格的类型理论。这种理论体系最初是为了区分和描述人格特质而产生的，其目的就是发现人有多少种类型，并且确定每个人所属的类型，如人格的体液说和向性说。

依据几个关键性特质或维度来区分人格的理论可称为特质理论。人格的类型理论和特质理论的主要差异是特质的多与少。前者可称为简单的类型理论，后者可称为复杂的特质理论。

人格类型理论的其中一个代表是荣格（Jung）的心理类型理论，这个理论最早出现在《心理类型》一书中，旨在揭示、描述和解释个体行为表现的差异。在此书中，荣格阐述了通过临床观察和心理分析得出的个体行为差异的三个维度。

（1）精神能量指向：外向（Extraversion）-内向（Introversion）。

（2）信息获取方式：感觉（Sensing）-直觉（Intuition）。

（3）决策方式：思考（Thinking）-情感（Feeling）。

三个维度会交叉形成不同的人格维度，反映人与人之间的人格差异。在这个理论中，荣格把感知和判断列为脑的两大基本功能，前者帮助个体从外部世界获取信息，后者则使个体以特定的方式做出决定。它们在大脑活动中的作用受到个体的生活方式和精力来源的限制，从而对人的外部行为和态度产生各不相同的影响。

人格特质理论的典型代表是大五人格模型（Big Five），该模型的集大成者戈德堡（Goldberg）在文章中提到了奥尔波特（Allport）率先对字典中的形容词进行的研究。奥尔波特收集了字典中所有描写人类性格的词，从中再进行筛选和分类。还有许许多多的人格研究者循此思路进行过大量的研究，其中包括 R. B. 卡特尔（R. B. Cattell）的 16PF 模型等。随着统计分析技术的发展，心理学家最终把人格基本特质维度的数目缩小至现在的五个，也就是所谓的大五因素。

大五人格量表包含五个维度：开放性、尽责性、外向性、宜人性、神经质（Openness, Conscientiousness, Extraversion, Agreeableness, Neuroticism（OCEAN））。每个维度包括三到四个侧面特质。

特质理论和类型理论一直处于争论状态，当前学界更加认同特质理论，企业界对类型理论使用得更普遍。这说明了它们各自的生命力和不同的特点。特质理论更经得起大量实验研究的验证，而不擅长在具体的生态场景中对个体行为进行解释。而类型理论虽然便于非专业人士使用，但其尺度把握的过度灵活和主体诠释性也降低了其准确度和科学性。

除此之外，目前的人格理论多以文字形式的问卷进行测量，并在此基础上对人进行描述，这隐藏着以下几个问题。

（1）通过统计学方法推导出来的人格理论有很大局限。其一，问卷是在研究者的认识框架和经验范畴内制定的，不会有太大的超乎人类认识的突破；其二，统计存在方法多样性和样本波动性问题，应用不同的统计模型可能会得出不同的结论，根据不同的样本得到的结果也会有差异，因而由此得到的人格分类容易出现偏差，一致性也会受到影响。

（2）受试者是根据已有的对自己的认识接受测量的，他们给出的答案也在经验范畴内，所以测出的结果更像是一种自我验证，对加深自我认识没有太大作用。

（3）测试大多停留在对大概率事件的描述上，无法做到具体情境下的行为预测，也无法从根本上帮助我们进行自我控制和人际控制。

常见的人格理论对心理和行为的外在表现进行分析，不能区分后天和先天的影响，只能将其混合在一起作为研究对象。研究方法主要是对混合了先天和后天影响的心理和行为进行分类或特质分析，具体包括内省、观察、访谈，以及问卷收集、统计分析，其中典型的方法是因素分析。这些都会把原有的现象模糊化，忽略很多个体差异的影响。

因素分析的方法假定每个个体对问卷中的选项的理解相同，抹平了不同个体在书面语理解上的差异，这种差异可能来自文化水平，也可能来自表达风格等。所以，因素分析方法本身更多地针对的是人与人之间普遍存在的广泛、凸显的共同差异，这样当将研究的结果应用到个体身上时，其预测水平会因为之前损失的大量信息而很难得到控制，理论只能在解释上实现一定的准确性。这就出现了一个现象，即大五人格的研究虽然在学界获得了广泛的认同，但在学术界以外，人们普遍接触、使用的却是几十年前的人格类型理论。这一现象充分说明，大五人格等理论的生态效度和以前的人格理论相比，并没有本质的进步，还是停留在解释水平。

1.2 认知－情感人格系统理论

除了类型理论和特质理论的研究取向，米歇尔（Mischel）等人格心理学家也在努力解决特质理论解释的生态性、情境性问题。他提出了认知－情感人格系统（The Cognitive-Affective Personality System，CAPS）理论（Mischel & Shoda, 1995; Mischel, 2004）。

认知－情感人格系统理论调和了长期以来特质理论与情境理论之间的争论，弥补了特质研究的不足，并有进一步细化和扩展特质研究的倾向。特质研究强调跨情境一致的个性特性，而忽视了情境间的差异性。CAPS 理论则认为个体跨情境表现出来的行为变异正是其内部稳定而有机的人格结构系统的反映，即个体差异还体现在跨情境差异背后的规律性方面。

米歇尔认为人们遇到的事件会与人格系统中复杂的认知-情感单元发生交互作用，并最终决定人们的行为。CAPS模型中的认知-情感单元指所有的心理表征，主要包括五种类型：编码、能力和自我调节的计划、预期和信念、目标和价值、情感等。

（1）编码：个体对外界刺激进行分类建构。

（2）能力和自我调节的计划：影响行为的内部机制，包括智力、自我调节策略、自我形成目标、自我形成结果。

（3）预期和信念：人们对每一种行为可能造成的结果的预期。

（4）目标和价值：不同的目标和价值会表现为不同的行为。

（5）情感：包括情绪、感受，以及伴随情感的生理反应。

CAPS理论虽然将情感因素纳入了人格系统，突出了人类个体经验的整体性，但对人格系统中各种认知-情感单元间的关系及其与其他认知结构和信息加工过程的关联缺乏探讨，这正如孔达和萨伽德（Kunda & Thagard，1996）指出的那样，CAPS只是将情感单元与其他个性单元简单地并列了起来，并没有突出情感的特殊地位，对情感心理机制的研究也远不如对认知过程的研究那样深入和详尽，这恰为未来的人格研究提供了着力发展的方向。CAPS理论提到的认知和情感之间的关系，在以下几个双系统理论里有详细论述。

1.3 双系统理论

人们可以通过理性和感性两种系统对实际生活信息进行加工，它们会给外显行为或信念造成不同的影响。两种系统在认知过程中的主要区别在于，理性系统更多地使用工作记忆解决特异性问题，而感性系统更多地依赖内隐知识解决适应性问题（Kahneman, 2011；Evans & Stanovich, 2013）。这就是双系统理论（Dual-Process Theory）。

埃文斯和斯坦诺维奇（Evans & Stanovich, 2013）总结了双系统加工理论中不同研究者提出的两个系统的特点，以及两个系统的定义性特征和进化特征，如表1-1所示。

表1-1 双系统加工理论中两个系统的特点、定义性特征和进化特征

	启发式加工	分析式加工
定义性特征	不依赖工作记忆 自发的	依赖工作记忆 心理模拟
常见特点	迅速的 高容量 平行的 无意识的 偏差反应 情境化的 自发的 联想的 基于经验的决策 独立于认知能力	缓慢的 有限容量 序列的 有意识的 标准反应 抽象的 控制的 基于规律的 结果性决策 与认知能力相关
进化特征	较早进化 与动物认知相似 内隐知识 基本情绪	较晚进化 人类独有 外显知识 复杂情绪

在推理决策与社会认知领域，双系统理论有着广泛的应用。巴伦-科恩（Baron-Cohen）等人通过研究自闭症，发展了共情-系统化理论（Empathizing-Systemizing Theory, Lawson et al., 2004）。

1.3.1 共情 – 系统化理论

共情 – 系统化理论源于研究者对自闭症症状的研究。巴伦 – 科恩与同事提出心盲（mind-blindness）理论，指出自闭症患者拥有社交与沟通障碍是因为其心理理论（theory of mind）发展得弱于普通人（Baron-Cohen, Leslie & Frith, 1985）。而后，巴伦 – 科恩（2002）根据自闭症患者的社会性特征（社交与沟通障碍）与非社会性特征（刻板行为）发展出共情 – 系统化理论。共情 – 系统化理论最初被用于解释自闭症的形成与临床症状。自闭症患者的社交与沟通障碍等社会性特征可以用共情存在缺陷进行解释，而其刻板行为等非社会性特征可用系统化无损甚至超常来解释。

在共情 – 系统化理论中，共情指的是个体识别、预测他人想法与情绪，并给予对方恰当情绪回馈的一种驱动力。个体通过对他人想法、情绪的识别，对他人行为进行预测，并做出合适的反应，从而与他人共情。巴伦 – 科恩与他的同事根据共情 – 系统化理论开发出了共情量表（Empathy Quotient, EQ）（Baron-Cohen & Wheelwright, 2004）。此量表分别从共情的认知与情感两种角度测量个体的共情。

系统化指的是通过分析系统变量来对支配系统活动的基本规则进行推理分析的驱动力，或使用规则构造系统的驱动力。换句话说，系统化是一种归纳推理的驱动力，它的目的是找出系统运作的规则，并根据这些规则预测和控制系统的活动。个体通常会反复观察系统的细节特征，并将每一次观察的结果作为研究样本，根据反复观察得到的所有样本分析、归纳出其中的规律，将这些规律总结为不变的模式。个体将这个模式视为系统运作的规则，这个规则可能以"if-then"的形式呈现，即个体操作或者观察到系统中特定变量的出现和变化，会引发系统另一变量的规律性变化。个体通过反复观察，根据样本表现修订与改进规则，最终形成系统内通用的规则。巴伦-科恩也开发了系统化量表（Systemizing Quotient, SQ），用于测量个体使用系统化思维的驱动力（Cohen et al., 2003）。

随着共情-系统化理论的发展，巴伦-科恩（2008）提出，理解"原理"（truth）的重要性在于其能帮助人们更好地理解自闭症患者共情缺损与系统化超常的行为表现。原理指的是精准、可靠、连贯或有规律的（lawful）模式与结构。比如，车轮不停旋转，就呈现了一种连续的、有规律的模式。原理这一概念可以帮助我们整合性地理解系统化与共情的差异。系统化指的是我们能在原始现象中找出有规律的模式。在我们进行系统化加工时，我们认为呈现于眼前的模式化的现象可以反映现实的本质。根据稳定可靠的原理，个体可以进行有效的探索与推理。而共情指向对象的心理状态，会受较多随机因素的影响，不存在精准、可靠、有规律的模式与结构。寻找原理并以原理推导的方式理解他人的心理状态可能会出错。自闭症患者的共情缺损与系统化超常表现可被认为是源自其对原理的执着追求。相对来说，共情偏向的个体在认识世界的过程中更少地追求物理现实的"原理"。

共情-系统化偏向与脑型

共情-系统化理论认为个体在共情驱动力或系统化驱动力方面有先天的偏向，是一种"生理上的硬回路"（biological hard-wiring）（Baron-Cohen, 2003; Baron-Cohen et al., 2005）。但过往研究中，个体的系统化量表得分与共情量表得分只存在较弱的负相关（Baron-Cohen, 2003; Wheelwright et al., 2006; Wakabayashi et al., 2006; Nettle, 2007）。因此，有研究者认为，共情与系统化可能只有较弱的制衡（trade-off）关系，甚至可能是平行关系（Wheelwright et al., 2006；Nettle, 2007）。然而，一项对自闭症患者、自闭症家属与普通人的对比研究发现，自闭症患者的共情、系统化得分呈现较强的负相关（$r=-0.61$）；自闭症患者的父母的共情、系统化得分呈中等的负相关（$r=-0.57$）；普通人的共情、系统化得分呈较弱的负相关（$r=-0.22$）（Grove, Baillie, Allison & Baron-Cohen, 2013）。研究者认为，这可能与自闭症本身的强系统化偏向以及共情-系统化问卷的测量效度有关（Grove, Baillie, Allison & Baron-Cohen, 2013）。研究采用的共情-系统化量表是通过测量个体对各系统（生物系统、物理系统、数学系统等）的兴趣程度，来实现对个体共情、系统化的测量的。普通人的共情能力与对系统的兴趣更容易受后天教养的影响，因此共情-系统化量表的得分并不能完全反映个体的共情-系统化偏向，两者得分的负相关性也小。但自闭症患者的高度系统化偏向较难受后天教养的影响，量表测量出的共情能力与对各系统的兴趣能较纯粹地反映其共情-系统化偏向。

为了使共情-系统化量表更好地反映个体的偏向，戈登费尔德（Goldenfeld）等人提出一种新的共情-系统化量表得分统计方式（Goldenfeld, Baron-Cohen & Wheelwright, 2005）。新的统计方式通过计算个体共情和系统化的标准化得分差异，将人群划分为五种脑型——极端共情型、共情型、平衡型、系统化型、极端系统化型。自闭症患者的系统化程度较高，大多数属于极端系统化型。极端共情型个体的共情能力过度发展，远远高于平均水平，但是其系统化能力欠发展，因而有可能是一个"系统盲"（system blind）。极端系统化型个体的系统化能力过度发展，远远高于平均水平，但是其共情能力发展不良，可能是一个具有天赋的系统化专才（systemizer），但同时也有可能是一个"心盲"。共情型个体共情能力的发展强于系统化能力。系统化型个体系统化能力的发展强于共情能力。平衡型个体的共情和系统化能力平衡发展（一样强或一样弱）。脑型分析方法可以通过个体在共情、系统化上的得分差异得知个体的共情－系统化偏向。与直接分析个体在共情－系统化量表上的得分相比，这种方法更能表现单个个体的共情－系统化偏向。这使共情－系统化量表的测量、分析与共情－系统化理论对个体思维偏向的理解更贴合（Goldenfeld, Baron-Cohen & Wheelwright, 2005）。

研究发现，男性的脑型分布与女性的脑型分布有显著差异（Goldenfeld, Baron-Cohen & Wheelwright, 2005；张怡, 2014），在男性被试中，系统化型与极端系统化型占比较大，而在女性被试中，共情型与极端共情型占比较大。这表明男性与女性在共情量表与系统化量表上的得分差异的趋势不一致。另外，研究者对个体的共情量表得分与系统化量表得分进行了加和分析，结果表明，男性与女性共情量表与系统化量表的总得分没有显著差异（Goldenfeld, Baron-Cohen & Wheelwright, 2005）。这在一定程度上证明共情与系统化是制衡的关系。磁共振成像研究发现，个体的共情－系统化脑型与大脑的白质、灰质相关，这使得脑型分类在生理层面得到证实（Chou, Cheng, Chen, Lin& Chu, 2011；Lai et al., 2012；Sassa et al., 2012；Takeuchi et al., 2014）。

另一项对大脑进行的研究（Takeuchiet al., 2014）比较了学习科学的学生和学习人文的学生的大脑结构，结果显示，学习科学的学生的内侧前额叶皮质有更多灰质，接近自闭症患者的大脑构造，而学习人文的学生海马体右侧的白质密度更高。这个结果间接证明了巴伦－科恩提出的共情－系统化理论的合理性。

1.3.2 认知 – 经验自我理论

在几个双系统理论中，提出较早的理论是爱泼斯坦（Epstein）发展出的认知 – 经验自我理论（Cognitive-Experience Self Theory，CEST；Epstein，1973；Epstein，1994；Epstein，2003）。CEST 阐述了自我系统和世界系统的动态连接，人们由此决定主要以认知的方式还是经验的方式来适应世界。这一理论的主要观点如下。

（1）个体加工信息时会并行地采用两个系统，一个是无意识的、自动化的经验系统，另一个是有意识参与的、需要大量认知资源的认知系统，两者相对独立，又相互作用。

（2）经验系统是由情感驱动的，认知系统是由认知需求驱动的。

（3）经验系统早已进化出来，在人类和其他动物中普遍存在；认知系统则是新近进化出来的，为人类独有。

（4）总的来讲，经验系统是情绪化、直觉反应、基于经验、快速加工的；认知系统是系统性、条理性、注重科学逻辑、慢加工的。

经验 – 直觉系统和理性 – 分析系统在运行机制和属性上的区别如表 1-2 所示。

表 1-2 经验 – 直觉系统和理性 – 分析系统在运行机制和属性上的区别

经验 – 直觉系统	理性 – 分析系统
自动运行基于经验的学习	基于有意识的推理运行
情感的	不受情感影响的
由最大化快乐和最小化痛苦的快乐原则驱动	由现实原则驱动，以构建现实的、连贯的世界观
与刺激、反应和结果相联系	刺激、反应和结果之间的因果关系
以对事情的自动评价和与过去相关经验的"共鸣"作为行为的中介	以对事情的意识评价和潜在的反应作为行为的中介

(续)

经验－直觉系统	理性－分析系统
非言语的：用图像、隐喻、情景和叙述来编码信息	言语的：用抽象符号、文字和数字来编码信息
关联的	分析的
意志努力小或最低限度的认知资源要求	意志努力相对大且对认知资源要求高
信息加工速度更快：立即行动取向	信息加工速度更慢：延迟行动取向
抗拒改变：在重复或强烈的体验下改变	改变更快：随着思维速度的变化而改变
更低层次的分化：宽广的分化梯度	更高层次的分化：立体或细致入微的分化梯度
更粗糙的整合：依据具体背景和认知－情感网络来组织	更高度的整合：依据一般背景原则组织
被动和前意识的：受感情或不可控的自动想法制约	主动和意识的：相信对事物进行推理能够实现控制
自我验证效度：经历过就相信	通过逻辑和证据来做合理的解释

第 2 章

感理分化说

2.1 遗传和社会化矛盾视角是怎么产生的

2.1.1 典型样例的启发

2008年，我开始研究心理学艺术化，展现了很多发展可能性。这一方向偏重艺术，其包容性和多样性使得很多有独特追求的学生聚集在了我的周围。

在科学和艺术并存的研究组里，有外语很好但科学思维一般的学生，有人际关系很好、人见人爱的男生，也有人际圈子很小、科学思维非常清晰的女性。这些人齐聚在一起，让我精细地观察到不同人格类型的典型个体的生活形态、思考方式以及语言行为特征。经过历时两年的观察、对比，我更好地了解了他们的世界，并应用心理学的理论努力结构化和系统化其背后的机制。

在这些典型个体的启发下，我去寻找了他们的同类，发现他们的同类虽然少，但确实是存在的。而且，他们与同类之间存在着相当的一致性。在已有的双系统理论的启发下，我开始尝试表里视角的考察，即从遗传和社会化两方面思考。慢慢地，四分类型的雏形在我脑海中形成。然后我在这一雏形的基础上进行观察和对比重复实验，不断地进行各组合的可能性假设，在不同生态条件下对比各类型的特点，以及探讨它们间的本质差别。

另外，理论最终是站在互动性视角提出的，我和学生一起考察、对比了自然状态中各种身心关系的可供性（affordance）。（注：理解可供性对未接触过相关知识的人而言相对困难，所以我将在第5章中专门进行介绍。）可以说是可供性使各种身心线索互动的，无论是遗传还是社会化，最终都交互地作用在了身心的各个层面。这时遗传和社会化的矛盾就凸显出来,以这两个层面为基础总结出的规律将能对以往发现的纷繁复杂的现象进行清晰的解释。

2.1.2 生态型实验的对比、重复、迭代认识

生态型实验由日内瓦学派的观察法发展而来。皮亚杰在研究儿童的时候,通过不断变换儿童面临的情境,对比儿童在不同情境下的行为,观察、记录儿童的语言和动作的协同反应,逐渐发展出儿童认知发展的阶段论。为了更清晰地说明感理分化说的发现过程,有必要介绍一下生态型实验的做法,读者也可以依此重复实验,满足学习和实践环节的方法性需要。尤其是当读者读到感理分化类型的情绪表达类型和语言意义交互类型时,读者需要停下来多做几个生态型对比实验,否则很难仅仅依靠自身原有经验理解不同的人的情绪表达类型和语言意义交互类型有什么差异,就像我进行大量生态型实验之前,也看不到这些差异。

首先,介绍一下生态型实验的操作方法。在做生态型实验的对比时,找到可对比的、成对的实验对象(简称"实验对"),这个实验对需要具备一个单因素变化的典型特征。针对这个特征进行纵向、长期的对比观察和询问,并尝试用同质的实验对验证在之前的实验对中发现的现象和得出的结论,看研究过程是否可重复。在对比和重复的过程中,如果发现的现象和得出的结论能够在不同的实验对中反复出现,那么它们就可以确定下来了;如果不能,就需要反思是哪个环节出现了问题,若是研究问题本身的问题,那就需要修正研究问题。

要将确定下来的新发现要和之前的发现进行联系、比较和整合,看看两者在逻辑上是否有矛盾之处,如果有矛盾,意味着可能仍存在没有解决的问题。如果能明确这个问题是什么,那么带着这个问题继续做实

验即可；若不能明确，就先搁置实验，等整体认识提升之后，可能会发现出错环节。

如果某一实验对的影响因素过多，太过复杂，那么此时需要换一个相对简单的实验对来进行观察，然后逐步发展到进行长期的、多个实验对的观察，慢慢地就可以发现并且梳理出之前的实验对复杂的影响因素，进而实现对影响因素更清晰的控制。

在实施观察之前，应该确保自身有充足且正确的知识体系，从该体系出发，去寻找自己要观察的现象。该知识体系可以帮助你发现各种影响因素对你研究的现象的影响程度。当新的影响因素引入，就要寻找新的实验对去观察这个现象。寻找实验对时，已有的知识体系可以帮助你进行搜寻，然后你需要不断对各种新的实验对进行观察，梳理现象和影响因素之间的关系。

其次，介绍一下生态型实验的意义。由于生态型实验针对固定的实验对进行对比实验观察，能够对他们有相对全面的了解，因此可以明晰实验对的各影响因素对这个单因素变化的特征产生的影响，更有利于串联不同因素之间的关系，从而促进对不同因素的整合性认识，并完成概念层次的提升。因此，生态型实验在整合系列发现方面具有独特优势。

生态型实验中，对实验对单因素变化的两个水平的对比，是通过自然的观察实现的，没有使用大样本实验的方式去控制其他影响因素，因此影响因素对该因素的影响一直动态存在。虽然很难剥离这些影响因素，但从另一个角度看，这样可以观察到这些因素是如何影响这个单因素的，并且逐渐弄清楚这些因素之间的关系（甚至可以精确识别出它们分别是依照什么类型的函数关系变化的）以及分析出它们的主次轻重。当然，这不是初学者能轻易完成的，需要经过严格的实验方法训练，才有可能有把握而不迷失。

再次，比较一下生态型实验与大样本实验的异同。总的来说，生态型实验有助于形成关于不同影响因素对现象的影响的综合性理解，这种综合性的研究方法尤其适用于概念和理论认识的推进。不过，推进效果会受到研究者个人学术水平的影响，水平高，犯错率就低，推进效率也高；否则，犯错率就高。而大样本实验的设计和取样方法具有可靠性，能够降低对研究者控制调整和解释水平的要求，使得不同水平的研究者能够在这种可靠的方法体系下进行群体协作，一起发现更多的事实。因此生态型实验和大样本实验是不同层面、不同功能指向的研究方法，可以相辅相成，一起促进理论概念和事实的发现。

生态型实验的独有优势在于能观察无意识层面的行为，以及迭代速度较快。一方面，其观察过程是生态性的，人们呈现的行为是无意识层面的，不会受到意识的干扰。另一方面，它迭代快是因为发现错误可以立刻转向，而且实验对可以重复使用、观察，这是由于生态型实验的观察过程大多是在实验对无意识的情况下进行的。迭代快的最大好处就是实验速度快、效率高。在生态型实验中发现新现象的概率比较大，再加上其对不同因素之间的互相影响的探查优势，使得它发现事实和累积事实的速度都很快。

最后，让我通过感理分化说研究过程中的一个例子来说明一下生态型实验的实际操作过程，即黑眼圈作为感理的人的特征之一，经历了怎样的反复验证。通过观察感理的同学，我发现他们中部分人长期有黑眼圈，而且即使休息得很好也会有。而这种和身体状态波动无关的黑眼圈在其他三个类型的上百个样本身上都没有被观察到。黑眼圈在医学上的解释是，由于眼睛下部的皮肤是全身最薄的（厚度约 0.07 毫米，是脸部皮肤厚度的 1/4），因此更容易显露出皮肤下血管的颜色，如果血液流动长期迟滞，静脉的颜色就会比较深。虽然关于黑眼圈的发生机制目前还存在争议，但这不影响黑眼圈作为感理四分类型判断线索的价值，于是我把这个发现告诉了学生，让他们在他们周围的人群中看看有没有反例，如果有就报告。

每个学期我都会在一百人左右的课上验证这个发现。曾经有一个学期，我发现几个理理的人也有黑眼圈，并且他们自称从初中开始就有了。所以我马上调低了黑眼圈这个指标的判定有效性，即从接近十成调到了八成左右。

不过经过将近半年时间的追踪，我发现之前报告的人的报告并不准确，他们的黑眼圈消失了。之前的误报很可能是因为他们对自己拥有黑眼圈的记忆有一些扭曲，将疲劳或没睡好导致的暂时性的黑眼圈当作一直存在黑眼圈的证据了。随后，我又调高了黑眼圈对感理类型的判定有效性。这一对比重复观察大概经历了将近一年的时间。

从这个例子中，我们可以看到确定用于判断四分类型的指标的重要性层级需要经历的过程和执行的标准。

2.1.3 双生子研究的支撑

双生子研究一直以来都是人类学家、社会学家、心理学家的关注焦点。对双胞胎进行研究有助于研究者了解遗传和环境对人类发展的影响。对同卵双胞胎的幼年研究发现，在 14～20 个月的时候，他们对悲伤同伴的关注水平比异卵双胞胎更相近（Zahn-Waxler, Robinson & Emde, 1992）。同卵双胞胎在大多数气质特征上，如活动水平、注意的需要、易怒性和社交性上都表现得更相似。人格的基因研究通过比较同卵和异卵双胞胎，发现遗传能预测大约 40% 的人格特质（P. Robert, 1998）。现存的几个使用自陈式人格测量问卷的收养研究中，无收养家庭的父母与后代和父母与兄弟姐妹间的人格特质的相关程度均为 0.15，收养家庭中的这两个数字则为 0.03 和 0.02（外向性和神经质两个维度），比较可得，遗传预测率为 25%。

同卵双胞胎虽有完全相同的基因，却可能因教养方式的不同而拥有不同的行为特点和人格特质（Liang & Eley, 2005; Asbury, Dunn, Pike, & Plomin, 2010）。首先，关于兄弟关系，对父母的关注等资源的竞争会引发兄弟间的矛盾。但是兄弟间的竞争和矛盾又是一个学习表达情感、理解他人情绪以及应对差异的机会。这意味着，在兄弟关系中往往存在着竞争和合作的关系，如何处理这些关系会导向不同的个人特质（Dunn, 2007）。其次，对于孩子而言，随着年龄的增大，孩子在变得更加独立的同时，会寻找自己想要的环境，如朋友、生活环境、兴趣活动等，所以即使是双胞胎也并不会发展成相同的个体（Bezdjian, 2011）。不过，对于同卵双胞胎而言，即使到了中年，离家并分开生活多年，他们在共情能力测试上仍然会表现出一定的相似性（$r=0.41$），而异卵双胞胎却不相似（$r=0.05$）。这说明，虽然孩子会随着发展的过程逐渐发生变化，但是同卵双胞胎较之其他类型的兄弟姐妹，还是会有更多的相似性。

可见，从双生子的研究中可以看到遗传和社会化对人格的作用。比如，父母对待弟弟妹妹往往会更加宽容，却会赋予哥哥姐姐更多的责任，这时哥哥姐姐行为风格会趋于稳重，弟弟妹妹会趋于灵活变通。这个现象能充分说明社会化的作用到底是什么，以及它是怎么起作用的。

2.2 遗传和社会化的交互作用

"女人是水做的""情绪化的女人"，诸如此类的社会经验并非毫无道理。

在情绪表达方面，大多数女性能够通畅地表达情绪，脸部表情自然、协调，身体的多个部位会根据不同情绪而共振；而大多数男性的情绪表达比较少，主要集中在脸上，肢体较少参与。因此人们常说"女人是感性的"。

而在语言与意义的交互方面（常见现象有词不达意、口不择言等），大多数男性个体语言表述清晰，意义理解较为准确，复述时语言精确度也较高。而较多的女性个体语言表述不够清晰，对意义不能快速把握，语言精确度不够高，但文字使用的精确程度高于口语；学习新概念时往往只能复述原话，需要加工到一定程度才能用自己的语言准确地表述，在口语中，这个特点更突出。此外，女性谈话时比男性带有更浓的感情色彩。

通过哈佛大学开展的一项心理研究，我们了解到女性和男性对肢体语言敏感度的巨大差异。研究者播放了一段被删去了声音的短片。短片里夫妻正在谈话。研究者要求参与者通过观察这对夫妻的面部表情和动作，描述出他们之间发生的事情。研究结果显示，87%的女性参与者描述的内容与实际情况相吻合，但男性参与者中只有42%能做出正确的描述。在那些养育了孩子的女性中，"女人的直觉"这一特点表现得尤为明显。在抚养孩子的最初几年，妈妈几乎完全是靠无声的讯号来与自己的孩子进行沟通和情感交流的。这也就解释了为何在谈判中，感知力强于男性的女性发挥的作用往往会大于男性，因为她们很早就开始了这方面的培养和锻炼。脑部扫描结果显示，大部分女性都有一种脑部组织，使得女性的交流和沟通能力远胜于男性。脑部磁共振成像图清楚地向我们揭示了为何女性会具有远胜于男性的交流及评估他人行为的能力。女性一共有14～16块大脑区域能够帮助她们评估他人行为，而男性的大脑里能够完成同类功能的区域却只有4～6块。这就解释了为何女性在参加宴会时总是能够很快地洞悉宴会中其他人之间的关系状况——谁与谁有过争论，谁又喜欢谁，等等。

对于动物来说，胎儿期的性激素水平是脑性别分化的直接影响因素（McCarthy et al., 2012）；对于人类来说，胎儿期激素水平决定了性别行为的发展。例如，对患有先天性肾上腺皮质增生症（这种病会造成胎儿期雄性激素增加）的女性的研究发现，她们比未患该病的女性更缺乏具有女性特质的兴趣和行为，而更多地表现出具有男性特质的兴趣和行为（Cohen, Bendahan et al., 2005）。其他相关研究表明，睾丸素水平越高，孤独症特征越显著，目光接触的频率越低（Ingudomnukul et al., 2007）。研究者据此推测，胎儿期睾丸素水平会影响大脑的发展，睾丸素水平越高，大脑发展越接近传统意义上的理性思维；反之，睾丸素水平越低，大脑发展越接近传统意义上的感性思维。

因此我们可以说，是诸如性激素水平等的生理差异而非单纯性别上的差异，决定了男女在语言和情绪表达上的差异。

从社会化角度上看，社会和家庭的因素，如父母对后代性别的偏好、父母心理性别的发展、社会关系及自我社会化等，会持续地影响个体的性别行为（Zucker & Bradley, 1995; Steensma et al., 2013）。

麦克黑尔（McHale）等人（2009）关注青少年在不同性别定向的社会环境中生活的时间对他们的性别特质和兴趣发展的影响。他们发现，13岁时，女性就会表现出更多的女性特质和兴趣，男性亦会表现出更多的男性特质和兴趣。到青春期，在不同性别定向的社会环境中生活的时间普遍地与更多性别刻板特质的发展相关，而青春期早期睾丸素水平的提高对两者的关系有调节作用。

我们也很清楚地知道，即便是动物的行为，也可以通过后天塑造。近年来，基因表达的可塑性研究有了很大的发展，越来越多的实验已经表明，从动植物的形态、生理，到其发育、生殖时间、繁育系统及后代的发育方式等，都是可塑的。大量的基因和分子学方法在探索可塑性的适应本质、其背后的操纵机制以及它在生物的生态学分布和进化多样化中发挥的重要作用。

通过以上的研究梳理，我们看到，在过往的身心关系研究中，遗传和社会化的交互作用是研究者的共识。这启发我们从遗传和社会化两个层面展开对人的分析。这是正确的取向，混合这两个层面的模糊探讨是不可取的。

2.2.1　两仪四分

在以往对双系统的大量研究中，研究者根据大量行为和生理研究指出存在感性－理性的双系统，但在测量感性－理性的时候使用的大多是量表，根据量表得分再进一步分析。这种理论基础和量表测试方法都忽略了对遗传和社会化的共同作用的切分。然而在实际生活中，不同的人的双系统发展倾向存在差异，这种差异往往是由个体对不同系统的认同程度的差异造成的。例如，一个感性占优的个体可能倾向用理性方式加工信息、解决问题，反之亦然。假如测量中单纯采用感性－理性维度区分个体差异，在降低测量复杂性的同时，研究的生态效度也会降低。为此，我们需要寻找一个新角度，解决现在双系统理论面临的测量和生态效度问题。

一个可行的角度是考查感性－理性发展轨迹与遗传－社会化的交互影响。一般来说，双系统发展倾向的性别差异，在于男性偏向使用理性系统，而女性偏向使用感性系统。感性系统与理性系统的发展是遗传基础和社会化两方面共同影响的结果，这两方面的共同作用令感性系统和理性系统的使用倾向显示出了多种性别差异。

性别认同和感性－理性的先天、后天分化相互作用，存在相当大的重合。也就是说，并不是所有女性都有出色的共情能力，也不是所有男性都有较强的系统化能力。来自中国的研究者对男同性恋者和女同性恋者的共情－系统化认知风格分别进行了研究（Zheng & Zheng, 2013；Zheng et al., 2014），结果发现，不论是男同性恋者还是女同性恋者，在关系中偏主动一方的被试和偏被动一方的被试的系统化得分有显著差异，但共情得分并无显著差异，并且偏主动一方的脑型多为系统化的S类型（戈登费尔德脑型中的系统型），偏被动一方的则多为共情的E类型（戈登费尔德脑型中的共情型）。

结合对性别认同概念的考察，我们发现，感性系统和理性系统的发展机制可以参照性别认同的发展变化过程来理解。因此我们认为，成人的双系统使用模式是遗传基础和社会化交互的结果，即遗传基础的理性/感性与社会化的理性/感性的交互作用，这一观点即感性理性系统分化说（简称感理分化说或分化说）。

我们认为个体的感性－理性遗传基础，结合感性－理性提供的两种社会化方向，相互作用，分化出四种结合模式。这四种模式分别是：遗传基础与社会化方向都以感性为主，简称"感感"；遗传基础以感性为主，社会化方向以理性为主，简称"感理"；遗传基础以理性为主，社会化方向以感性为主，简称"理感"；遗传基础与社会化方向都以理性为主，简称"理理"。四种模型（即四种分化类型）的关系如表2-1所示。

表 2-1 四种分化类型

		社会化的环境要求与自我认同	
		社会化理性	社会化感性
大脑遗传的优势倾向	遗传理性	理理	理感
	遗传感性	感理	感感

遗传双系统和社会化双系统之间的相互作用，它们此消彼长的动态发展关系，与中国的太极图十分类似。于是我们将两仪四象图加以改动，将阴阳对应地视作感性-理性系统，面积大的即是优势系统；阴阳在两个太极内运行，我们将内部的太极视为遗传基础，外面的太极视为社会化。这样得到的图可以称为两仪四分图，如图 2-1 所示。

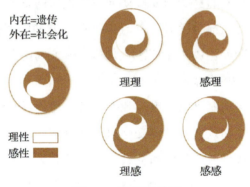

图 2-1　两仪四分图

不懂太极示意图的读者可以参考图 2-2。图中虽然没有提到太极的动态，但在静态的图示意义上更符合大众隐喻，即方为理性，圆为感性。读者可以根据自己所需进行选用。

需要指出的是，为了更清晰地呈现不同类型之间的区别，其名称和图示都在形式上突出了四个类型的独立性，但不能因此忽视遗传基础和社会化的变化可能性。比如，女性的月经周期变化实际上在调节遗传的表达，随着月经周期引起的情绪变化，女性情绪和认知结合的稳定性会发生变化，从而带动感理结构的短期波动。虽然这个变化是有限的，但确实会带来波动。同理，社会环境的变迁也会促进人的社会化方向的变化，这些弹性变化可以通过家庭的变故、学业的波动、重要关系的解离等对人的社会化表达产生重大的影响。通过阐述这些变化的可能性，我

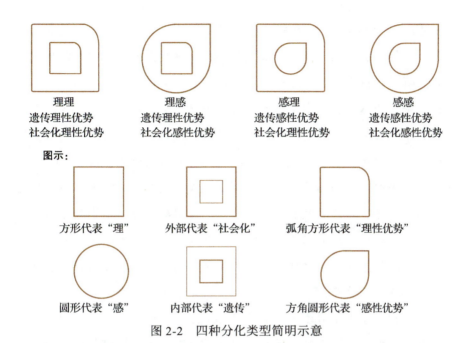

图 2-2　四种分化类型简明示意

们可以看到不能固化地理解四个类型，每个人围绕着自己的遗传基础的变动才是永恒的，稳定都是暂时的。也正是这种可塑性才使得在理解了感理分化说以后，个体可以超越之前的自我认识，明白自己可以主控的是什么，哪些是合适自己的社会化方向，以及如何行动、如何与人合作、合作中应该注意什么等，从而有理有据地做出自己的人生选择，并为之努力。

2.2.2　四分情绪

1. 情绪的个体发展

初生儿已经有满足、厌恶、痛苦、好奇等基本情绪，到了 2～7 个月，他们还会陆续出现愤怒、恐惧、快乐、悲伤、惊讶等基本情绪

（Izard et al., 1995）。这些情绪作为基本情绪，对于正常的婴儿而言大致在相同的年龄段出现，在不同文化中的表现及人们对其的理解也大致相同，所以它们很可能是由遗传因素决定的（Camras et al., 1992）。

但是，个体并非一出生就会表达及辨认情绪，需要不断学习。在每个社会中，都会有一系列的情绪表达规则，规定着在各类场合下哪些情绪表达是合适的，哪些情绪表达是不合适的（Gross & Ballif, 1991）。对于婴儿来说，他们必须学习这些规则才能对他们的情绪加以调节和控制，但这无疑是非常困难的，所以婴儿往往只能将身体从引起他们不愉快的物体旁边移开，或是通过吸吮的方式减轻不愉快的感觉。到了差不多一岁的时候，孩子学会摇晃自己的身体、用嘴咬东西和避开引起他们不愉快的人或事物来减少不愉快。18～24个月时，孩子会开始有意控制那些让他们感到不舒服的人和物（Kopp, 1989）。到了小学阶段，儿童对社会认可的表达规则有了越来越多的认知，更了解哪些情绪应在特定的社会情景中表达，哪些应该抑制（Holodynski, 2004）。

关于情绪的识别和理解，在婴儿7～10个月大的时候，他们对某种特定表情的识别和理解能力已经比较明显了，这时候的他们会开始关注他们的父母，学习父母对不确定的情景的情绪反应，并依此调整自己的行为（Feinman, 1992）。随着年龄的增长，婴儿的这种社会参照也会越来越频繁，并且扩展到父母以外的人。例如，快到一岁的时候，如果旁边的陌生人对他笑，婴儿就敢去接近一个不熟悉的玩具；但要是陌生人显得很恐惧，婴儿就会很小心地避开那个东西。稍大一点的孩子则会搜索其他孩子身上发出的信息，不再只对要求或命令做出简单反应。例如，幼儿会观察同伴在接近或逃避一个新事物后的反应，这也说明了他们开始利用他人的情感反应来评价自己的判断。

2. 情绪表达的遗传

情绪包括和动物一样的基本情绪和在人类社会中与自我相关的社会情绪。人类情绪的识别和表达都带有非常强的个体特征，而这些个体特征往往是遗传和社会化的共同结果。吉利（Gili）等人（2006）研究比较了先天盲人及其家人的面部肌肉运动，发现在思考、悲伤、愤怒、厌恶、快乐以及惊讶的状态下，先天盲人和其家人的面部肌肉运动有相关性；在思考、悲伤和愤怒的状态下，先天盲人和其家人出现表达情绪的相同面部肌肉运动的频次显著高于非家人。这个研究支持了情绪表达的家族内的一致性，说明大多基本情绪表达不是通过模仿学习得来的，而是直接遗传的。

3. 情绪的具身性

具身认知理论认为认知过程是基于身体的，同时会反作用于身体。斯特拉克（Strack）等人（1988）发现咬着铅笔的被试相对于抿着铅笔的被试，更可能认为漫画幽默。咬铅笔的动作会触动笑肌，抿铅笔的动作则抑制笑肌，研究者认为被试感受到的情绪差异是由肌肉反馈导致的，这说明身体会影响情绪的知觉。穆伊索（Mouilso）等人（2007）发现描述情绪的句子会诱发身体关于这些情绪的反应。他们让被试在推或拉控制杆的时候阅读描述快乐或愤怒的内容，发现在推控制杆的时候阅读描述愤怒的内容，被试的反应时更短（可能是想要情绪远离他们的身体）；在拉控制杆的时候阅读描述快乐的内容，被试的反应时更短（可能是想要情绪靠近他们）。

认知加工也会反作用于生理。例如，语言加工会激活知觉的模拟，派克（Pecher）等人（2003）前后给被试呈现了两个句子，发现先呈现"苹果可能是酸的"，再呈现"苹果可能是甜的"时，被试的反应时会比先呈现"苹果可能是酸的",再呈现"广播可能很大声"时更快。由于前者讲的都是味觉,而后者转换了话题,研究者认为转换话题会增加知觉模拟的加工成本。

巴萨鲁(Barsalou,2008)指出了情绪和生理特征的相互作用:情绪的知觉依赖生理特征,同时能够反作用于生理特征。这些研究都提示我们身体会留下和社会互动之后产生的印记,这些印记可以是身体的收缩舒放方式,也可以是表情的控制程度等。

4. 情绪表达

情绪表达即伴随情绪产生的行为变化,包括面孔、声音、姿势、手势和身体移动(Gross & John,1997)。关于情绪表达的研究大多建立在情绪产生模型上(Gross,1998)。当内在的或外在的情绪线索出现后,个体首先会进行认知重评,从而会引发特定的情绪反应倾向,然后经过表情抑制,最终才能确定输出的情绪行为。

虽然情绪产生模型并不包括情绪应答的每一步骤,但其可以说明情绪表达性的行为差异来自其中的几个阶段(Gross & John,1997)。首先,个体每天遇到的情境有很大的不同,因而会接受不同的环境或内在输入。其次,输入的信息对个体的影响会受到个体自身解释的影响,从而或增强、或降低;激活情绪反应倾向的阈限也因人而异(Stemmler,1997)。最后,模型中的调节过滤器也存在较大的个体差异,会极大地影响情绪表达倾向的输出形式。

一些研究主要关注后两种差异,格罗斯和理查兹(Gross & Richards,2000)探索了后两种差异对情绪表达行为的影响,分别以情绪体验和意愿表达度作为反应倾向和调节过滤器的衡量指标。情绪体验指的是某情境下个体对情绪的感受,情绪体验被激发时,面部肌肉运动等生理指标就会出现。过往研究发现情绪体验和情绪表达之间存在强度一般的正相关（McIntosh，1996）。意愿表达度则量化了稳定的个体情绪表达性行为的多少。研究发现，对于积极情绪，情绪体验与情绪表达间的关系受到意愿表达度的调节；而对于消极情绪，这一效应只在高意愿表达度的个体中成立。尽管在消极和积极情绪的条件下，得出的结论并不相同，但格罗斯的研究只关注了较为笼统的消极情绪和积极情绪，并没有对其进行细分。

表情表达的行为生态视角理论认为，表情可能有两个来源：一是偶然发生并通过自然选择仪式化，或由文化选择约定俗成而来；二是相关功能性回应的扩展应用，如扮鬼脸的表情可能源于尖叫时需要的口面构建。也就是说，社会文化和生理结构很大程度上影响了面部表情。甚至有一些观察实验发现，个体只有在存在外部观众或者内隐的观众时，才会做面部表情。因此，面部表情往往不是源于自己的内在，而更多的是针对对方的，它是我们给予对方的信号，这也意味着它是灵活的，并非一成不变。因此，个体的一些基本情绪实际上是其对对方的需求的信号，如：悲伤表情是为了得到对方的帮助和保护，恐惧表情是希望通过自己的退让和妥协减少对方的攻击性等（Crivelli & Fridlund，2018）。

也有很多情绪调节的研究发现，个体能够控制自己负面情绪的表达，以达到更好的社会化。当我们认为与自我期待的形象不符的情绪出现时，我们会质疑甚至责怪自己为什么不能控制、消除这些情绪。但事实上越想摆脱自己的负面情绪，会陷得越深；而坦然接纳负面情绪的人，则能更好地面对它指向的问题，更快地走出这种情绪，不让负面情绪给自己造成更多伤害（Delistraty，2017）。社会化的要求和自身情绪的表达之间很多时候是矛盾的，在成长的早期，多数人按照某种社会化期望形成了自身情绪管理的固化方式，而这种方式随着个体的成长和生活环境的变动，多多少少会出现不协调的情况。

在萨斯（Szasz）等人（2010）对愤怒控制策略的研究中，研究者要求被试采取认知重评、抑制和接受三种方法来对实验诱导产生的愤怒进行控制。结果发现，采用认知重评方法的被试，不仅能更加有效地控制愤怒，回到基准情绪水平后持续的时间也更长；采取接受方法的被试效果次之；采取抑制方法的被试最不能有效地控制愤怒。经过理性管理后，个体能较快地回到平静的状态，部分地证明了社会化理性对感性的作用效果。

总的来说，个体的情绪表达确实会受到情绪体验和个体主观意愿表达的影响。

5. 感理分化说中四个分化类型的情绪特点

在分类基础上，通过大量的观察和访谈，我们发现这四个分化类型不只具有主观概念上的差别，还能表现出不同的身心表达。重要的身心表达包括情绪、表情、肢体动作和语言等。其中，情绪和语言是身心共同参与的过程，一旦有了固定模式，就很难通过意识改变（Kluft, 2007; Goldin-Meadow, Mylander, & Butcher, 1995）。

通过对这四种不同的个体进行大量对比观察，我们初步了解到这四种个体在情绪上的差别特征，其核心区分标准是情绪表达的风格与流畅程度。

在情绪的遗传基础中，感性与理性的分化使个体情绪产生波动与平静的不同变化；社会化中，倾向感性的个体偏好表达情绪，倾向理性的个体偏好管理情绪。遗传基础与社会化倾向一致的个体，情绪表达就通畅；不一致的个体情绪表达多不通畅，也会呈现相应的情绪处理模式。总结起来看，这四种类型的人大致会出现以下特点。

（1）感感的人（简称感感）：内在情绪丰富，情绪表达通畅（意为表达模式内外一致），脸部表情自然协调，整个身体会随着不同情绪而共振，比如开心的时候，会笑得花枝乱颤。

（2）感理的人（简称感理）：内在情绪丰富，但有明显的情绪表达管理倾向和痕迹，大部分典型的感理都存在不同程度的情绪抑制。情绪抑制体现在面部和身体的僵硬或不舒展。

（3）理感的人（简称理感）：内在基本平静，有外显的情感表达，但会表现出节奏感。最舒服的状态是平静，然而个体也会根据社交情境进行情绪表达，常态和有情绪状态相互转换时反差很大，容易被感性个体知觉为夸张。其夸张体现在表情和肢体上的不协调。

（4）理理的人（简称理理）：内在基本平静，少情感表达。有情绪时，反应主要集中在脸上，持续时间不长，基本没有肢体参与。理理在没遇上重大变故的情况下很少产生负面情绪，也很难和其他类型的人共情。

2.2.3　四分语言

1. 语言相对论

语言是人类最重要的交际工具，是人们进行沟通的主要方式。

语言是一种指令系统，是生物行为进化的结果，人类拥有体系完整的语言。语言与逻辑相关，而人类的思维逻辑最为完善。因此，目前只有人类才能使用体系完整的语言。当然，许多动物也能够发出声音来表达自己的情感或者在群体中传递信息。

语言是一种社会符号，具有社会意义和社会功能，语言功能存在于语言系统本身，具体的语言使用就是人们在语言与文化允许范围内的一种选择。研究语言不仅要研究语言系统本身，也要研究社会语境中的语言。

萨丕尔和沃尔夫的语言相对论认为语言能影响我们的思维。不同的语言不能表示同一个社会事件，世界意象随着人们赖以思维的语言体系的不同而变化。每一种语言都以特定的方式为它的使用者建构他的世界。语言结构有无限的多样性，因此一种语言系统中设定的范畴、类别和定义为该语言系统所独有，与其他语言系统中设定的范畴、类别和定义不同。

萨丕尔认为：①语言中的词汇、语音系统、语法反映了人们生活其中的物理世界和社会世界，不同群体由于生活的物理和社会环境不同，形成了不同的语言习惯，反过来，不同的语言习惯实际上映射了不同的物理世界和社会世界，不同的世界在很大程度上由不同的语言习惯建构，语言与世界间存在一种辩证的互动；②兴趣在物理世界进入人类语言并得到反映的过程中起到的重要作用，以及社会世界可以直接进入人类语言并得到反映这一点，隐含着一个重要事实——语言建构世界的中介是人的认知；③物质世界和社会世界在语言中的反映可以发生在词汇、语音系统和语法等语言系统固有成分中的任一成分中。也就是说，语言系统本身限制了人们的认识，建构了与该语言相一致的独特世界。

如何突破这种语言营造的世界的局限呢？这时候理性思维就变得非常重要了。理性思维从产生之初就是人类认识世界的独有方式，而这种方式是人用来发现客观世界的规律，从而帮助人类生存得更好的，也正是这个能力从根本上让人在与其他动物的竞争中取得了优势。在理性思维基础上建立的符号语言系统是最稳定、最能够跨文化传播的。

理性的思维不受概念的语种或者语言形式束缚，会自动比较语言背后各种可能的概念，与已有的认识进行关联和比较，最终选出与自己理性认识最不矛盾的概念进行吸收，并将其转化成自己认识的一部分，这样就可以避开语言差异带来的矛盾。但这会给表达带来问题，很难找到合适的词语来准确表达该概念，因为对其的认识不是用语言形式存储的，而是按照理性思维的逻辑内化成了一个系统。

感性的思维和语言表达的一致性较高，感性思维不会对语言表达的认识进行反复比较，只要其与已知的某个认识有联系，就可以吸收。感性思维对语言表达的流畅性有要求，不能接受前后词语不统一带来的阅读流畅性损害。在流畅阅读的条件下，感性思维可以吸收语言表达，而且吸收得越快，感觉就越好；还会在自己的感觉上进一步加工，形成自己的表达。然后，它关心结论，所以对于过程只需要一个固定的模式，通过固定的或者相似的推理过程，得出一个新结论。

2. 语言的具身性

身体作为客观实体，是人们与世界产生互动的媒介和工具，人们各异的身体形态，决定了人们各异的与世界互动的形式。实证研究表明，先天性失明患者的空间表征与正常人存在显著差异。无论是在熟悉还是陌生的环境中，先天性失明患者由于视觉经验缺失，对于空间的认知能力不足。他们中大部分人的空间表征以路径表征为主，对环境整体空间认识不够，具体表现在对环境地标的定位不准，仅了解经过地标的前后顺序，而不理解各个地标的空间位置关系；对行走路径的感知也较差，不能协调各条路径的空间关系，一旦固定路径被堵塞，行走很难继续。而有视觉经验的后天盲人及明眼人的空间表征以场景表征为主，这些个体能够全面认识空间环境，协调好路径的长度、方向和形态，也能够精确表征各个地标，在现实行走时表现得比较灵活，个体可依照多条路径行走（谌小猛，2014）。对比可知，不同的身体结构决定了人与世界不同的互动方式，从而影响了人们的认知方式。

客观且稳定的投射关系由身心及其与所处环境的互动关系共同决定。认知结构既不是心中固有的，也不是外部世界强加的，而是在个体与环境的互动过程中通过活动形成的。从更加生态的角度来看，认知存在于大脑，大脑存在于身体，身体存在于环境，认知、身体、环境是一体的。

通过对学科语言的观察，我们可以发现，学术文章和文学创作对语言的要求是不一样的，学术以准确为追求，文学以激发共鸣和想象为追求。而两个圈子的人的性格大体上和他们各自的语言风格追求对应。这启示我们学科语言和学科从业者之间可能存在互相建构的关系。在从事相应的学科之前，学科从业者本身的具身性可能已在一定程度上决定了其选择学科的范围或者属性。

同理，我们也可以观察到，男性语言的丰富性、多样性总体上不如女性，其中一个决定因素就是不同性别的个体在具身性上的差异。当然，这里的具身性不能简单理解为身体，而是身心的生理基础。

比如，针对 emoji 网络表情符号的使用，有研究者调查了 2 000 个 18~65 岁的英国居民，发现 35 岁以上的人只偶尔使用 emoji，女性比男性更常使用 emoji（Cruse，2015）。埃文斯（2015）发现，大约 1/3 的 40 岁以上的英国人报告他们对恰当使用 emoji 缺乏信心，有一半的人很难理解 emoji 的含义。杰格德（Jaegerd）等人（2017）分析了 1 084 个中国大陆消费者的表情符号使用情况，发现不同性别和年龄的消费者的使用情况都没有差异，而个别表情符号的意义理解存在年龄上的差异。如😊，18~30 岁的人中认为它表示快乐和满足的人的比率比 31 岁以上的人更高。

另外，关于国家文化的差异，有研究发现，对于某些表征真实物体的 emoji，不同的文化中的人们理解相似，如🎵🌳被广泛认为是音乐和树（Barbieri et al.，2016）；而有些 emoji 在不同的语言中有着不同的意义理解，这可能是由社会地理差异导致的，如🔥🌸👣，美国人会将👣理解为"再见"，而英国人则认为它和旅行有关。不同国家的人对 emoji 有不同的偏好，这也反映了国家文化和地区特征。例如，阿根廷人更多地会把面孔 emoji 归为一类，而墨西哥人更多地会把面孔 emoji 和情境 emoji（如办公室、娱乐主题的 emoji）归为一类。并且文化越倾向个人主义文化的国家，积极 emoji 的使用越频繁（Lu et al., 2016）。Yuki 及其同事（2007）发现，美国人无论是在判断表情符号还是真人的情绪时，都更注重嘴，而日本人更注重眼睛。Wang（2004）发现中国人使用表情符号更多的是出于社交的目的，而美国人更多的是出于信息交流的目的，并且美国人对表情符号的情绪理解能力比中国人更强。

此外，关于表情符号使用的个体差异，有研究探索了网络人格映像的形成和表情符号使用的关系（Wall et al., 2016），结果发现人们能够通过个体的表情符号使用情况来判断个体的外向性和开放性，而仅依据面对面的第一印象是无法判断开放性的（Funder, 1999）。这些证据说明线上行为有某些区别于传统线下行为的特别之处，能够让我们做出某些推断。马伦戈、詹诺塔和塞坦尼（Marengo, Giannotta & Settanni, 2017）研究个体对 emoji 的自我定义与大五人格的关系，发现在 91 个 emoji 中，有 36 个 emoji 与神经质、外向性和宜人性有关，如对😊😔😤的自我定义和宜人性相关，对😎😊😀的定义和外向性相关。因此，表情符号的使用反映了个体的心理特征。霍尔和彭宁顿（Hall & Pennington, 2013）发现，Facebook 中表情符号的使用频率与外向性和自控呈正相关。塞坦尼和马伦戈（2015）发现在 Facebook 上使用表达积极含义的表情符号，和使用者的情感抑郁呈负相关。李（Lee）及其同事（2008）通过 emoji 的使用来检测中风患者的抑郁症状，发现 emoji 可以作为抑郁的一个可靠测量手段。

3. 不同分化类型的语言特点

在语言与意义方面，遗传感性的个体在信息加工上倾向部分叠加式加工，使用类似群岛的信息组织形式；遗传理性的个体在信息加工上倾向逻辑串联的整体加工，使用类似半岛的信息组织形式。

社会化中感性与理性的分化使个体在与外界交流的方面出现分化。语言表述上的分化具体体现在说和写两个过程，个体对它们的把握程度是相对独立的。总的来说，感性倾向的个体语言表述准确性不够，而理性倾向的个体语言表述较为准确。具体包括以下特点。

（1）感感：对意义把握不佳，表达意义的语言精确度不高，但使用文字进行表达的效果好于口语；学习新概念时往往只能复述原话，需要加工到一定程度才能用自己的话准确表述，口语上这个特点更突出。

（2）感理：对意义理解尚可，但表达意义的语言精确度不够高；会尝试用自己的社会化理性去理解意义，当社会化理性囿于经验系统的影响时，较难准确把握科学理性的真正含义，会出现用词与他人一致，但意义不一致且不准的现象。

（3）理感：对意义的理解整体上是准确的，喜欢探索复杂问题，化繁为简，但在表达时会出现细微偏差，会出现同一概念用不同符号指代的现象，且会尝试用感性化的语言阐释。

（4）理理：非常擅长理解意义，喜欢探讨结构清晰的问题，探讨规律，表达意义的语言精度也高。在认知处理上倾向于走精简路线。

在个体所处的不同情境中，我们可以看到口语和文字的差别。口语更多用于面对面的交流，这时情绪互动比较重要，这使得我们在交流时一定要照顾对方的情绪、感受，这种互动是令人愉快的。口语能表达一些情感，同时非言语信息，例如肢体语言、表情和语气词，都有助于我们沟通。这种多通道、全方位的沟通也使得我们在口语交流时效率比较高，因为可以各个通道并行处理，通过不同通道的分析、对比去识别正确和错误的信息，并对错误信息进行及时的修正。然而，正是由于口语对话中，很多信息是通过非言语信息传递的，因此将口语直接转化成文字是不全面的。在将口语转化成文字进行间接沟通时，必须考虑对话的情境，否则就会造成意义传递的错位。

虽然文字在传达口语交流内容时会损失信息，但其优势是可以把思想客体化。人们在不能见面的情况下，都要通过文字去认识他人的思想，自然会遗漏很多非言语信息，因此也就需要写作者更理性、全面地去表达。对于遗传感性的人来说，这一点非常重要，因为只有通过文字才能进入非对话过程，阐述才能进入比较细致的部分，而且不用耗费大量的认知资源去加工别人的情绪，更多的是只通过一个通道来输入，这样就使得交流的质量比较高。由于脱离个体存在，通过文字，大家能够共享同一个媒介，如果再对语言进行一定的规范，就会使得沟通错误的概率比面对面的沟通少很多，在这里单通道的优势就显现出来了。

文字语言单通道的特点使得其在表达多通道或者感受性的信息时变得比较苍白，然而感性个体能够更好地用文字传达信息，是由于他们本来就对描述的对象拥有更完整、全面的多层面的认识，会更多地使用主体视角和情境描述，因而别人在接收文字的时候能够更好地浸入其营造的主体视角，也更容易被带入他们描述的情境。所以感性人在表达文字上，尤其是在场景和叙事表达上是非常有优势的。正是由于这些特长，感性人成为比较好的小说家和文字工作者的可能性更大。写《盗墓笔记》的南派三叔曾公开讲过自己是双相情感障碍患者，他的情感特点确实能够让他在幻想文学创作上更有优势和潜力。存在类似精神问题的作家还有很多，如海明威、顾城，他们的情感起伏以及相应的体验都对他们的文字创作起到了生理层面的支撑作用。

上面谈到了语言文字在个体差别、个体所处情境，以及互动内容这三个层面上表现出来的规律，关于人的层面只谈到了沟通及语言中介，需要做两点补充。

第一，人对自身的描述是有美化倾向的。人只能通过镜子来看到自己，无法看到自己在镜子以外的信息，而镜子以外的信息都要从别人的反馈中获得。由于人缺乏一面实时跟踪着自己的镜子，故而人对自己客观表现的把握是很弱的。可见，我们对自己的认识和加工都是通过镜子主观塑造的，有美化倾向也难免。比如，我们对自己声音的知觉和别人知觉到的我们的声音就是有差异的，当我们发出声音时，我们听到的声音里掺杂着自己发声时口腔、鼻腔、脑腔中共鸣的混响，这决定了我们自己听到的和别人知觉到的是不一样的声音，这也可能是有的人声音不好听却喜欢唱歌给别人听的原因。所以人对自己的监控和别人的知觉之间永远有错位，这个错位使得我们倾向于描述自己认同的部分，而且总是不由自主地这样做的。对自身描述的美化和自我修饰会在与别人沟通自我形象时显现出来。

在这一点上感感和理理会更有优势，他们的内在和外在相对比较一致；而感理和理感就比较复杂，他们在描述自己的时候可能会让别人感到突兀。当然，感理和理感虽然复杂，但是他们确实走在整合的道路上，如果整合得好，那他们就能适应更多的社会情境，能进行理性和感性的自由切换。所以感理和理感是处在这个进化道路上的，只是因为没有意识和理论的参与，这个过程变得较为混乱。而人与人之间的差异又很大，加剧了沟通的难度，通过感理分化说，我们能够更好地识别出这种差别，即使是在对方美化修饰的情况下，我们也能够进行自我调整或在自己意识里帮别人调整，这就大大加强了个体的主控性。

第二，人对他人的描述也受到主体立场的限制。我们在研究家庭动态图的投射测验时，发现依恋类型会影响我们对他人的知觉。轻视型的人无法看到画面上表现的"幸福"，但安全型的人能够看到；倾注型的人能看出画面上更多的细节，而其他类型的人却不能。我们会发现，面对同样的一幅社会情境画，各自角度不同会使我们在理解他人的时候带有很强的主观色彩，从而使得每个人看到的东西不一样。例如，有研究（Funder，2012）阐述了人格本身的特点会使得我们在表达和传递他人信息的时候出现错位，这种错位是多层次、多角度的。故而若我们想做很好的沟通，一定要考虑到这些因素的互相影响，在这种情况下考量自己的定位，对信息进行更准确的解读。

总之，只有把上述的个体差别、个体所处情境、互动内容这三个层面结合起来进行全面和深入的理解，把握其中语言文字的规律，才能更好地理解他人，进而与他人进行更好的沟通。

读到这里，如果读者在理解了情绪表达和语言意义交互作用这两个分化类型的核心区分标准后，还想知道其他行为上的判断标准，可以阅读 5.1 节"分化类型的判断"，该节讲了判断分化类型的很多非核心标准。在本书的带领下不断观察、不断实践、不断做生态实验、不断从对身边人的分析对比入手，理解会越来越清晰。

下面我们会谈一些有助于理解感理分化说的概念，希望读者能够通过这些概念更好地理解感理分化说。

2.3 促进感性、理性分化的方式

前文提到情绪和理智（即感性与理性）的分化方式和程度决定个体的表达风格，那么到底什么是分化，又该如何促进分化，这是本节将会回答的问题。首先，分化指情绪和理智的分离，即选择在特定时刻是受理智还是受情绪支配的能力。情绪和理智的分化不足会导致个体的自我结构不稳定，容易受情绪的支配，分不清自我和他人，只能从自己的角度来看世界，认为世界就是自己看到的样子。个体的分化程度越高，越能够去自我中心化，越能更多地知觉到自己和别人的不同，从而反过来思考自己到底是谁，区分自己心理内部各结构之间的关系，也就更能区分自己的社会我和生理我。

个体的分化不是一次性完成的，而是需要反复进行、不断发展的，分化是一个过程而非一个可以完成的目标。因此，每个人都可以向着这个方向努力，从而获得更大的自由。那么该如何促进个体的分化呢？目前我们认为至少有以下几种方式。

1. 镜面

刚出生的婴儿处于一种极端的未分化状态，没有自我意识。直到 15～24 个月，婴儿开始能够意识到镜面中的自己，这标志着自我意识的产生。然而对于是否所有的人都能够自然地实现主体和客体的分化，答案是否定的，一些人不适应社会，例如一些人犯罪或患有智力障碍可能就是由于和社会上其他人之间的分化没能完成，自我意识没有产生。由此，镜面所促进的分化即是自我和客体的分化，能够意识到自己的镜像以及他者的存在。自我与他人区分得越清楚，对规则理解得越清楚，就越能更快地得到良好的分化。

2. 主体方位框架的形成

随着年龄增长，孩子开始形成上、下、左、右、前、后的概念，这是以自己的身体为中心的空间方位。表现在树木测试上，儿童 7 岁的时候就会画基底线了，先天盲人则很难将这种空间方位反映在纸面上：虽然他可以直接反映，但在符号表达方面存在困难，因为他们缺乏二维的经验，缺乏平面空间的表达框架，不知道如何把三维的空间用二维的方式表现出来。而如果视力正常的人不能在平面上用这种框架表达，那么我们推测他的主体方位框架形成得不完整，和环境的关系未能处理恰当。可见，主体方位框架的形成有助于个体找到自我在世界中的位置，促进个体的去自我中心化过程。

3. 客体方位框架的形成

当我们在空间中移动或者需要和别人共享自己的位置时，需要用东南西北或者客体参照，如"商场的对面"去指引。然而客体方位框架的形成对于很多女性来说并不容易，例如在说明自己的位置时，她们常会用到主体方位框架，如"在我的左边"，这就使得她和别人的沟通产生障碍。因此客体方位框架的形成在社会化初级阶段进行空间移动的时候就显得非常重要，使用客体方位框架的能力越强，个体越容易和他人沟通，而能力弱的人则会受到一定的排斥。这样一来，能力认同一致的人会聚在一起，不一致的人会相互分离，这一点人们不一定能够意识到，大多在无意识层面进行。故而客体方位框架的形成能促进个体在自我与环境、自我和他人之间建立联系，从而促进个体的分化。

4. 他人行为一致性与差异性的规律

这是目前感理分化说能够解释的问题，然而在没有感理分化说之前，我们难以定义他人的行为一致性，因此对于怎么和别人相处这件事情，我们会感到焦虑。理感和感理对如何与别人相处的焦虑感非常高，因此会形成和遗传感理性倾向不同的社会化方向。理理和感感在发展中则很少处理这种焦虑，而是采取以自己为中心的处理方式，不会认为他人行为的差异性对自己的人际处理而言是个问题。其中感感的特性最能说明问题，感感的感性优势使他们能够处理这种差异，并且不需要预先判断和认知，就能随机应变。感感对自己行为一致性的要求很高，而对他人行为一致性的要求很低，处理人际关系的方式只围绕自己的变化而变化，不过多思考别人的差异。但是当他们遇到自己难以处理的人际关系，需要以他人为中心思考的时候，他们也会开始寻求行为一致性的规律。相对于其他分化类型来说，感感的这一需求出现得很晚，例如，我们心理系的两位感感的女性是到本科高年级甚至研究生阶段才开始这种寻求的。然而，理感和感理可能在初中甚至更早的时期就已经开始了。在感理分化说出现之前，对行为一致性的判断是很难实现的，现在感理分化说可以帮助我们找到他人行为一致性与差异性的规律，让我们脱离自我中心，和他人建立更好的互动。

5. 社会反应的适当性

个体通过他人的反馈来知觉自己对某一社会规则和情境的反应是否恰当，这一过程不仅涉及他人行为一致性的问题，还涉及一些情境和事件知觉的问题，这些问题都会反过来让他思考自己的行为是否适当。适当与否其实取决于他所处的群体，同样的反应在某些群体是适当的，在其他群体则不适当，一旦个体知觉到自己的行为不适当，就会对自己和别人的一致性进行反思，这时候他就会发生分化。

以上即是促发分化的几种方式，这几种方式之间的关系留待确认，可能还会有其他更多的方式。目前，上述的几种方式可以总结为以下两点：①群体的排斥和吸纳；②对客观环境的知觉与周围人的兼容性。这两点一起促进了人们的分化。首先，就如本节开篇所说，个体的分化不是一次性完成的，而是需要反复进行、不断发展的，因此分化具有阶段性，同时还具有个体所处群体的文化特征，以一个人的成长为例，一个人从所处家庭到后来步入学校、班级，而后进入大学老师的课题组，之后进入社会工作，这些群体的特征都会对他的分化产生影响。其次，对客观环境的知觉能让个体意识到自己已分化和未分化的部分，分化得是否完整，意识到周围人与自己的差别，寻找让自己与他人都感到舒适的相处模式。

这就是促进分化的基本方式和具体表现形式，从中可以看到分化的基本规律会对个体的自我认识和人际关系产生巨大的影响。

下面我们看看影响个体分化的另一个重要概念——生态位。

生态位

生态位本是一个生态学概念，表示在生物群落或生态系统中，每一个物种都拥有自己的地位（占据一定的空间）和角色（发挥一定的功能）。自然生态系统中的物种或种群，首先只有生活在适宜的微环境中，才能得以延续。但随着有机体的发育，它们能改变生态位。生态位对所有生命现象都具有普适性，不仅适用于其他生物，也适用于人（包括由人组成的集团、社会、国家）。

我在这一概念基础上对人类社会生态位的维度进行了整理。当代著名社会学家马克思·韦伯（Marx Weber）提出了社会阶级划分的三个重要标准——财富、权力和声望。而皮埃尔·布迪厄（Pierre Bourdieu）则提出"文化就是一种权力、资本和结构"。借助他们的洞见，我划分出三个最重要的维度，用来分析人类社会的生态位——权力、金钱、文化。

其中，"权力"指社会地位，以及各种权力体系下个体所属的位置；"金钱"并不只是货币，而应包括所有等价物；"文化"指知识的层面、高度、智慧，还有格局和视野。

由于生态位有三个维度，所以只要能突出一个维度，加上其他两个维度的辅助，就能构成相对好的生态位。每个维度都可以形成一个属于那个维度的生态位的层级关系，如果对当前的生态位不满，可以从两个层面切入思考：①梳理清楚自己当前的生态位所在；②思考自己身上先天和后天的因素能如何结合出对你来说最佳的生态位。清楚自己是什么类型很重要，如果实力无法超越别人，就赶紧做选择，但如前所述，要记住这个选择的思考点也是生态位。

如果已经有了可参考的目标对象，那么要发展自己的生态位，最直接的方式就是学习目标对象的生态位——去挖掘、思考别人在其生态位上解决问题的视野和方式和自己的有什么不一样。一旦搞清楚差异，就努力向目标的方向跑，尤其要请教处在那个生态位的人。

达到某个生态位有三种途径，你可以选择其中任何一种。努力想想，除了现在看到的这条路，还有哪条路。想不出来，就去看、去问，像参考你的目标对象那样。此外，还可以去借鉴，尤其是历史性借鉴。当代人表达的观点，都很局限于当代。

另外，要注意建立营造生态的能力，这样才能在不断变动的生态位中持续创造并获得最佳的结果。

2.4　去自我中心与感理分化说

关于对自身及他人的把握，感理分化说可以帮助读者更加了解自己和他人，从而使自己在与他人的互动中获得自由。

从个体发展的角度来看，一个孩子在家庭里慢慢成长，是家庭权力的中心，所有人都围着他转，尤其是在他的生命初始阶段。在这个比较安全的环境中，向他倾斜的社会互动方式帮助他逐渐建立起他的社会自我，进而逐渐接触家庭以外的社会，接触不同的群体，首先是幼儿园，随后是小学、中学和大学。大学阶段比较重要，因为他第一次离家，开始独立地面对整个社会，不过还是处在学校的保护之下。在学校里，和他沟通的人基本是同龄人，大家都比较相似；但从学校毕业后，情况就开始变得更复杂，因为他会面对各种不同的人，社会情境也会变得更多样化。因而，每一阶段推进时，他本身都会面临不断自我成长的要求，这也意味着他会面临一系列的问题和困难。

具体来说，刚离开家庭的时候，能不能让每个人都像你的家长一样爱你，能不能占据一个很好的生态位，能不能像在家里一样占据权力中心，这些问题会立即凸显出来。这时他就开始进行比较，开始慢慢脱离自我中心了。社会关系决定了他可能要面临和别人争夺情感资源的现实，争夺与否要看他是否符合这个新的生态里权力分布的要求。如果他在家里已经习得了一些社会规范，比如相对民主、互惠互利和付出，那么在和幼儿园老师、小学老师等的互动中就可能会比别人做得好。而很多人没能在家里习得这样的规范，所以在和教师的互动中就会产生不协调甚至冲突。在冲突过程中，他才会开始反思自己、调适自己的位置，调适不好的话，他可能会建立一些自己的主观解释或形成一定的行为模式，这些主观解释或行为模式很有可能是退缩的或防御的。在这样的转化里，由于生态和以前不一样，个体的生态规则（特定生态中个体的行为模式）能否在两个生态间进行切换就成为一个很重要的问题，会贯穿几乎所有层面。

青春期开始以后，他开始看心理学相关书籍，其实他已经感觉到不自由了，或者说他已经开始追求自由了，所以才会看心理学类的书籍。

他感到的不自由是生态变迁引起的，如不太适应新的生态或者新的生态不符合他原本的生理基础。比如，一个很内向的人要求自己一定要变得非常社会化，他不太能做到这一点，却非要这样要求自己，这其实是对自己本性的强硬干预。这个时候我们就需要去自我中心化，那么怎样建立一个新的去自我中心化的认识呢？首先我们的目标就是要明确自己的生理基础，不断地把应该归因到客观情况上的事情归因到客观情况上。主观能动性仍然是存在的，但是一定要找好它的位置和空间，并且这个位置和空间会因每个人的生理基础不一样而有差别。

根据感理分化说，虽然每个分化类型的人之间也有差异，但是不同类型的人之间差异更大。所以我们要清楚这四类人的基本情况，以及作为其中某一类型的人，在清晰定位了自己属于哪一类型后，做好主客观归因，不断控制和调整自身的社会适应性。当我们明确了我们真正拥有自由的范围，我们就会变得更自由。同时在互动的过程中，当我们也能准确解释别人的时候，我们就会变得更加自由。那么在这样的思想指导下，怎么去把握和了解他人呢？

以己度人是我们认识他人的基本策略，那以己度人在什么情况下会有效，什么情况下会失效呢？针对和我们属于同一分化类型与社会经济地位的人进行以己度人，就基本不会失真。没有同样的社会经济地位，或分化类型不同，以己度人时失效的概率是非常大的，因为我们基本的思维方式，对理性、感性的看法是不同的，而这种看法本身多为感受性的，一定程度上属于无意识层次，只有通过科学研究，才可以知道自己的生理基础带来的无意识和倾向性到底是什么。在不清楚倾向性的情况下，我们只能对同类型的人以己度人，对不同类型的人就很困难，尤其是涉及感受层面的东西，即通过感官去感知时，个体之间就很难沟通了。这些障碍是在分化说里被不断地完善表达出来。同类型的人之间，如感理的亚型之间差异也非常大，这是因为他们的理是不一样的。同理，感感中积极、平静和抑郁的亚型也各不相同。

除了上文所说的生理基础的差异，由于语言在表达感受性的东西时缺乏直观形象，因此面对面交流会更好。虽然在情绪识别、动作识别等方面，不同类型的人也会有差异，但是因为信息输入有两个通道，一个是语言，一个是动作，两者能相互印证，所以可以提高判断、理解的正确率。可见，信息输入通道少的时候，以己度人也会失效。故而如果我们只使用文字，失效将会非常严重，比如一些文明的继承，尤其是关于人的感受性知识的继承，文字记录就是模糊的、不准确的，而且科学在这个方面也有点无能为力，反倒是艺术扮演了重要的角色。试想艺术能够长久地存在，也是因为艺术具有语言和科学所不能及的沟通层面，这构成了其存在的土壤。从历史发展的角度来看，是先有艺术后有文字的，实际上语言在人类进化过程中一直是人们沟通的桥梁。然而由于我们现代人首先面对的是文字学习，大部分人是后来才慢慢接触艺术的，因而无形中我们夸大了文字的功能，而且在科学研究中我们也非常相信文字、相信文献。但是现在我们发现，在心理学研究领域，特别是其中与感受密切相关的细分学科，如咨询、社会、人格心理学，因为涉及较多感受性内容，它们的研究和措辞会存在很多混乱。相对而言，认知及神经心理学就精确一些，因为它们和感受的关系不是那么紧密，更多的是事实判断和一些非感受及过程性的内容，可以通过语言描述，而且有科学的方法和范式，可以真正实现精确的文字沟通。另外，在沟通层面，沟通的具体内容是什么，它的精确性如何，决定了我们通过语言能够达到的理解程度以及它的失误率。

上文说明了以己度人对不同类型的人会失效，以及语言在进行感受性表达时会阻碍双方的沟通和理解。那么，怎样才能更好地理解他人呢？这就要分析对方处于什么样的情境，是什么样的人，以及对方的互动内容，这三个方面一起决定了我们到底能不能理解他人。当我们对这三个方面都有非常深刻和全面的理解后，我们就可以一定程度上实现去自我中心化，从而不断获得新的自由，因为我们能更好地把握这个世界的各种沟通形态，知道哪种形态是模糊的，哪种形态是精确的，且能比较自如地在模糊和精确之间来回切换。由于日常生活和科学领域不一样，不需要完全精确的沟通，大多数人只需要适应性理性就足够，不需要太多的科学理性。在这种情况下，如果能够达到适应，就可以停止去自我中心化，从而在这个层面上建立新的自由。但如果你一直追求自由，就要不断地去进化、自我更新。因此自我更新的出发点对于不同类型的人而言也是有差异的，比如家庭的互动会形成一个基本的互动模式，与父母以及与父母代表的世界互动时，有控制和顺应两种基本模式，顺应的人多数情况下比较容易获得自由，除非什么刺激到他的顺应底线，打破他在原有顺应空间中的舒适感，他才会发展控制的手段，才会提出对自我进行反思的需求，才会进入去自我中心化的不断更新的过程。而拥有控制感的人的控制感一旦被突破，他就会开始进化。相对来说，采用控制模式来互动的人更容易焦虑、更容易退缩，更容易逃避一些不能控制的东西。

综上所述，关于如何从自我中心的角度发展到理解和预测他人的角度，需要明确自己的生理基础，逐渐剥离主观的自我中心，从而把握自己和他人，拥有控制感，在与他人的互动中获得自由。

多数人很难做到身心分离，所以很难实现去自我中心。围绕着去自我中心和自我中心的矛盾，人们发展了唯物和唯心两类看待世界的方式，并相应地形成了不同的解释系统，比如各种宗教信仰和科学，相应的争论也一直没有停歇。不同类型的人会产生类似的感受和思考，基于这些感受和思考，个体会选择不同的流派去尊崇和发展，从而促进了人类文明的多样化和系统化。

感理分化说是在去自我中心途径上提出的理论。这一理论让我们知道了自我中心的由来和机理，从而为不同个体发展去自我中心找到了各自的方向，描述了不同的发展路径，以帮助人们更好地理解自己和他人，降低由于类型不同而产生的沟通认识成本，为不同类型个体的思维方式找到了理论根基和分析基础。

不同类型的人去自我中心的机制

理性的人具有自动结构化和系统化的思维，可以进行概念升级，客观上达到了对信息进行过滤和降噪的功能。理感能够容忍和接受更广泛多样的信息，所以更能够处理跨界的信息，并从纷繁复杂的跨界信息里抽取结构。因此理感会对艺术、社会、人文、医学领域感兴趣。理理对信息本身的质量要求很高，往往不太能接受不确定的信息，所以会更聚焦在确定性很强的一些领域，比如计算机、数学、物理。

在感性的人中，无论是感感还是感理，都需要身心分离，平时也需要通过更多的仪式离开现实生活，客观上降低一些噪音的干扰。比如，冥想静坐或内观就能起到解绑同步的身体感受和情绪的作用，使个体能在身心分离的状态下重新审视之前的自己和周围的关系。

第 3 章

分化类型及动力变化

感理分化说结合了遗传和社会化两个过程，其主要特征不是分析过程，而是以互动机制为基础，让人可以从实在的外在表现看到理性与感性的相互作用结果及其背后的互动机制。这个机制恰恰统合了 CAPS 模型中的四个认知单元和一个情绪单元。由于社会化在理性、感性系统中的作用机制和身心表达的发现，感理分化说在人格理论上的位置变得清晰了，即在 CAPS 理论这样的交互作用理论背景下起到了枢纽作用，这个枢纽可以帮助人们在外界情境的作用下，不断对情境属性进行筛选和判断，完成行为意图的设定，最终做出行为反应。

下面会按照感理分化说的三个关键维度进行系统的论述。这三个维度是：遗传性、社会性、社会适应升级。

3.1　理理：我思故我在

理理名人有马化腾、张一鸣、柯洁、聂卫平、薛兆丰。

在双系统理论中，研究者归纳了理性个体和感性个体的差异性特征，感理分化说归纳的理理个体与双系统理论中的理性个体大体一致。换言之，可以将感理分化说中的理理视作双系统理论中的理性个体。

传统意义上的理性个体的典型代表就是"理工男""IT 男"。比如，360 的董事长周鸿祎就是这一类型的典型代表。

周鸿祎留给大家的普遍印象，就是他的战斗精神。从最开始的和百度斗，到后来的和瑞星等杀毒软件斗，再到举世闻名的"3Q 大战"，说周鸿祎是互联网的"战斗士"并不为过。一个企业家在发展过程中可能会产生各种商业目的，采取各种商业手段，我们很难通过这些判断这个企业家属于哪种类型。不过，一档真人秀节目《小善大爱》给我们提供了可以用于分析分化类型的相对真实的典型案例。之后，对于每个类型，我都会从这档真人秀里选择一个人物作为案例进行分析，大家也可以自行观看此片进行对比。

《小善大爱》的基本框架是一个成功人士隐藏真实身份，到一个完全陌生的环境，找到并参与当地的公益项目。在节目中，周鸿祎来到四川成都，成功找到了四个公益组织。我们可以看到，在参加公益活动的过程中，周鸿祎基本保持着一种很平静的状态，大多数时候他是以语言来表达自己的感受的，甚少情绪表达，仅有的情绪表达也主要集中在脸上，基本没有肢体参与，而且持续时间不长。在这样一档真人秀节目中，周鸿祎传达给我们的是一种毫不做作、波澜不惊的真实感，大概也只有理理的人能这么泰然处之。

说起理性的人，我们脑海里马上会浮现出"理工男""IT男"等群体。"不解风情，不懂浪漫"，这是对这群人最常见的评价。理理的人非常擅长理解意义，复述时语言的精确度也更高。他们在生活和认知处理上倾向于走精简路线。简单来说，不管在什么情况下，不管事情是陌生人的、身边人的还是自己的，他们都只认死理。而且，他们还很爱和别人讲道理，能动手（比如写公示）就绝不含糊。

和这样的人相处，有时候你会感受到他们单纯认理的可爱；但很多时候，你又会被他们不解风情的讲道理给气哭。当你为了电视剧的剧情哭得撕心裂肺时，他可能只会在一旁一脸莫名其妙；当你费尽心思，终于得到梦寐以求的YSL唇膏，他很可能只会挠挠脑袋，感觉不可思议。很多时候，你会觉得理理冷冰冰的，不近人情，不懂人情世故。其实不是他们不懂你的心，他们懂，但是他们真的不知道怎样理解和回应你的这些情绪。

理理很难冲动消费，他们买的东西都是必需品，所以他们往往是

"经济适用男"。而且他们往往有错就改，认理服理，狡辩、抵赖不是他们惯用的伎俩。因此，他们常常成为人们口中的"老实人"。

理理较少遇到工作问题，当然，前提是不做那些需要投入很多情绪的工作，比如人力资源、销售、客服、培训；而技术、分析、研发、财务甚至程式化的行政，他们都能得心应手。

但是在生活中，他们面对的挑战不少。最主要的挑战是，当面对和自己有着不同关系的人时，他们会采取相差无几的相处方式，久而久之，越是亲密的人（比如夫妻或者情侣），越难免抱怨："你怎么待我像个陌生人？"另外，青春期的孩子特别需要感性的理解与认同，而习惯讲道理的理理往往会"把好心办成坏事"。

女理理相对较少，她们的人际生态位较低，因此她们往往能更早地察觉到自己和其他女性的不同，更早地察觉到管理人际关系的重要性，察觉时的年龄也会小于男理理。男理理大多同样适应良好，至少在学习阶段普遍适应良好，只有当他们遇上亲密关系和工作管理问题时才会面对这种挑战，而此时他们往往已经 30 岁左右甚至 35 岁以上了。

3.1.1 怎么理解理理的"无情"

理理在共情行为上确实不如其他三个类型的人，其他三个类型的人和理理交流的时候往往不能从理理那儿获得情绪的回应，尤其是在吵架或者争执的时候，理理多会忽略当事人的情绪表达。而这是感性人最无法理解和接受的，因为在感性人看来，情绪是有去有回的，情绪没有回应，情绪循环就没有完成，就没有真正实现抒发情绪的目的。

相对来说，当感性的人处于积极情绪时，情况会更好一点，因为这时感性的人对对方情绪回应的要求是，只要不进行负面回应就可以接受。

所以感性的人在积极情绪下不大会抱怨理理没有回应。

另外，理理没有回应不是无法感知和识别情绪，而是不愿意回应。他们不做回应的原因是他们认为，争执时，感性的人关注的点往往会偏离问题的核心，对于解决问题是没有帮助的。在理理的观念里，有些事情因为无关客观事实，所以不必沟通，他们也不擅长情绪沟通，沟通了也只会给他们带来弱势的结果。而这种弱势是理理一直承认的，即使争吵也无力改变，所以无回应也表明他们承认、接受情感沟通弱势的客观事实。

理理这种追求客观的所谓"无情"品质，其积极作用就是在和感性的人沟通的时候，在气氛好、双方关系好的条件下，理理往往会指出在他们看来感性的人存在的一些不必要的情绪。这种客观中立看待情绪的角度对感性的人来说，往往能起到像镜子一样助人反省的作用，对于感性的人和其他人关系的发展和评估有积极的意义和价值。

总之，和理理做情侣或发展其他亲密关系，就要接受自己处在人际关系和情感的高生态位的事实，在利用这种高生态位的优势的同时，也要接受在争吵的时候过分要求理理超越平常的低生态位，与自己进行平等生态位的情绪沟通是很难实现的。

理理作为朋友，可以像镜子一样时时反映客观事实，帮助感性的人进行校正。如果你希望理性对待关系及情感，多听听理理给你的反馈，更有利于关系的实质性进展。

3.1.2　女理理的人际困局

女理理的周围往往都是偏感性的女性，感性的女性对于世界的认识和女理理有很大差异。因为认知标准不同，而感性的女性又比较多，所以女理理会受到一定的排挤。这种排挤大多是无意识的，双方都不知道为什么。因此，女理理往往会感到强烈的被抛弃感。

1. 女理理恋爱的难题

因为和女理理相配的男感感的数量会比较少，而且男感感所处的生态位比较高，他可选择的类型更多，可以选择感理和感感，这两个类型的女性又比较多，所以找女理理的概率比较低。

同样，女理理与男感理、理感和理理恋爱也存在这样的问题。女理理本来就少，找到合适的类型的可能性也因为男性对其他类型女性的选择面更宽，而比其他类型的女性都低。

2. 解决之道

多到男感感经常活动的线下和线上场所，以及由男感感介绍同类型的男生认识。

自身也要优化表达方式，多和女感感沟通，学会和多种感感的相处之道。并在和男感感相处时多请教女感感，把握对方的思考方式和可能接受的表达方式。只有在不断练习中才能逐渐建立自动化的行为模式。

练习的内容可以包括对方在网络沟通中善于使用的表情，以及这些表情代表的意思。还有外在的化妆、穿衣戴帽等，也要多向感感学习。这些符号层面的沟通有利于塑造他人对你的印象。这个印象也会反作用于你，促使你进一步加强自身的调整。

3.1.3 理理为什么决策保守

理理获得的信息准确清晰，做出的决策目标明确，在输出和报告成果的时候，也会根据任务目标选择最稳定的策略。这可能会损害比任务目标更本质的标准，让理理忽略更广泛探索的可能性。

同时，与人际相关的线索通常也是理理会忽略的。因为复杂的人际线索往往是他们不能加工的，所以他们的决定或决策更多考虑物质的规律和通用的法则，相应地也就更稳定、更可预测。

当然，判断决策保守与否也要基于决策的性质，如果从事的是保密或安全因素突出的相关工作，这个品质也就不能称为保守，而应该称为胜任了。

3.1.4 理理能正确识别他人情绪，却不做出回应

因为理理的应对方式往往非常单一且生硬，对互动的局势和结果影响小，回应与不回应基本没有差别，所以自然而然就习惯不回应。感性的人作为人际互动的发动者，当人际互动处于良性循环时，享受自己更高的人际生态位；处于争吵等恶性循环时，感性的人不再满足于理性的人低人际生态位的反应，而希望理性的人用平等生态位该有的情绪来回应自己。这时矛盾会进一步升级。所以，虽然感性的人会抱怨理理的无礼冰冷，但本质上理理一贯的不应对策略并没有改变，改变的只是互动的倾向性，倾向性的改变最终导致生态位高的感性的人转换了标准。这个原理也是常见的夫妻吵架的基本分析框架。

理理基本不会让复杂信息进入大脑，不希望混沌的状态存在。理理对于这个世界的理解基本只存在于一个层面，就是自然科学领域的客观规律。但理理按照自然科学的逻辑去理解人际关系，就经常出错，因为很多感性的人建立的规则是理理无法理解的。理理坚守自己认定的客观真理，不会注意或者处理因此出现的人际关系问题，处理这些"不能用客观真理解释"的人际现象是对他们坚守之物的最大否定。理理也应该

学习人际关系方面的事实和规律，意识到感性的人的存在也是客观真理，进而学习感性的人富于变化的情绪表达和应对方式，提升自己在人际关系方面的生态位。

3.2 感感：感受即真实

感感名人有马云、王菲、王宝强、岳云鹏。

双系统理论归纳了理性个体和感性个体的差异性特征。感理分化说归纳的感感个体与双系统理论中的感性个体基本重叠。换言之，可以将感感视作双系统理论中的感性个体。

"感时花溅泪，恨别鸟惊心。"正如许多文人骚客，感感个体的社会化理性建构很少，所以较少受到框架的束缚。他们更多地从直观经验出发，能够更快地先从字面上理解新事物的意义，虽然理解得不一定准确。

同样是参加《小善大爱》真人秀，感感类型的袁农表现得就和周鸿祎截然不同。我们可以看到，在参加戒毒中心的小组活动时，袁农全身心投入，情绪非常自然，身体语言协调，情绪流畅、真实，令人感同身受。

感感的人天生是交际达人，率性自在的感感具有天然的社会适应优势。"自来熟"说的就是这样一群人。感感爱表达，也愿意倾听，他们永远会在你最好的朋友里占据重要的位置。与感感相处，你会时刻如沐春风，当然也可能随时遭遇狂风暴雨。就像一首歌唱的那样，"爱情来得太快就像龙卷风"。喜欢就喜欢，不喜欢就不喜欢，所行随心，绝不在心里多憋一秒钟，是他们笃行的行动纲领。

感感十分适合需要与人打交道的职务，因为他们擅长与人交往，喜欢建立社会关系，也容易让别人接受他们。感感虽然具有天然的社会适应优势，但是在职位晋升后，比如担任管理者时，往往容易遇到理性不足带来的诸多问题。

对于年轻的女感感，人们往往愿意赋予她们更多的隐性权力，她们在人群中的人际生态位相对较高。比如，她们去买东西时，往往能获得折扣或赠品等。所以她们大多感觉适应良好，不大会感到自身的人际处理存在问题。如果女感感的人际生态位不变化，他们就很难察觉到自己需要一套管理人际关系的方法论。而男感感不同，因为与大多数男孩子不一样，他们在青少年期就已经经历过人际关系的调整，所以对管理人际关系的理论需求大大超过女感感，需要这些理论时的年龄也会小于女感感。

生活中，有一个感感的伴侣是一件开心但又有点窝心的事情。开心的是，这样的伴侣往往细心体贴、无微不至，即便有负面情绪，哄哄就好了；窝心的是，他们往往不仅对你一个人这样，而且对所有人都那么贴心，面对围绕在他们身旁的那一大堆知心朋友，久而久之，你不免会心生感叹：还需要我吗？

感感为什么很难自我反省

感感大多处于高人际生态位，很难遇到需要自我反思的情况，而且遇到事情大多可以动用感性的力量获得周围人的帮助。他们的社会支持和资源较多，获得途径也多，还会有很多意外之喜。比如，很多女感感经常能在小卖部获得免费赠予的矿泉水和口香糖，能在陌生人的工具关系条件下得到免费的商品，而这是其他类型的人无法想象的。

所以感感的反思一般只发生在他们遇到非常大的变故的时候，比如分手、求职受挫，而这些变故往往也在感感的优势降低之后才会出现。

3.3 理感的感：生硬的触角

理感名人有周星驰、李诞、张召忠。

相对于理理的简单、感感的通畅，理感的人就显得有点不通畅，有时甚至会让感感或感理觉得有点假。

在简单的社会化或单向表达的情境下，理感的认知过程不会受到过多干扰，所以理感能够以看起来比较感性的方式，准确地用理性的语言进行表达。比如《小善大爱》里的白云峰，他在帮助盲人学校向路边摊档征求铜版纸，遭遇冷漠的拒绝时，其情绪的通畅及语言的准确，都符合理感的特点。

对于理感，认知任务是更轻松的，而调动感性需要花费原本就不多的情绪能量，进而消耗认知能量。因此当理感进入需要应对许多情感互动的情境，比如朋友聚会这样的情景，就容易快速消耗他们的情绪和认知总能量，最终表现出节奏化的互动模式——他们无法始终保持在较高亢或很平静的状态。平静是他们苛求的，高亢是他们愿意迎合的。他们在常态和情绪状态间转换时，往往显得前后反差很大，并且他们常常将情绪扩大化地呈现出来，因此感感往往认为他们夸张、虚假。

理感的人既能准确地表达一件具有科学性的事情，同时又能保持社会化的互动。所以他们往往能成为一个很好的老师，尤其适合做科普类的工作，也会是一个好妈妈/好爸爸，另外，市场营销（区别于传统的销售）、产品经理等也会是他们适合的岗位。

理感的人能根据情境转换到感性状态，但须知平静的理性状态才是最令他们舒服的状态。因此和理感的人相处，切记不要总是将其带入闹哄哄的人堆，也不要奢望他一直热情高涨，那样只会给自己制造不必要的麻烦。

理感的人际生态位虽然不如感感高，但往往也较高。而且他们倾向于独自处理各种事物，往往会晚些意识到自身的社交问题，可是一旦出现社交方面的需求，就会通过学习大大提升其交际水平，懂得收放。

3.3.1 理感为什么不愿意直面冲突

理感的问题解决路径多，面对冲突可以找到超越冲突或者解决冲突的方法。他们更容易看到不同的解决方案、冲突的不合理性，以及其他更合理的选择。这客观上造成了理感们很难直面冲突的特点。

此外，理感的人更喜欢独立做事，所以很难产生由合作或者是任务分工导致的冲突。

3.3.2 理感为什么有考试迟到或任务拖延的现象

理感是刻板生活的排斥者，对于常规事件的时间规划一般会遵守，但在考试或评审等非常规事件的时间把握上表现往往不好。非常规事件打破了原有的生活轨迹，很难进入理感的认知控制范围，即使进入也会被其他眼前的常规事件掩蔽，因此理感往往很难进行自我时间管理。如果要改善这个问题带来的影响，可以考虑把新增的事件纳入常规事件，或通过和感理、理理结伴来带动自己的时间管理。

3.3.3　理感为什么爱思考命运

理感非常重要的一个特点就是愿意在复杂现象中找规律，而命运这种复杂现象是理感在拓展对世界的认识中大概率会遇到的。虽然命运的问题很难回答，但是不断思考，就能不断推进对这个问题的认识，并且使理感更清晰地把握自己的人生，其对为人处世方式的改善往往能事半功倍。这进一步加强了理感思考命运等复杂现象的动力。

3.3.4　理感为什么语言表达不稳定

理感在不断追求准确的意义表达的过程中，其认识是不断推进的，往往是新的意义建立了，但合适的表达还没有找到。然而理感又愿意表达，理感表达的更迭速度在四个分化类型里是最快的。而且理感对于环境的变化也是敏感的，会因情境变化而改变表达方式，不愿意重复之前的模式，这也在客观上造成了理感语言表达不稳定的现象。这些特点在一定程度上说明了理感为什么不擅长语言学习：他们很难获取语言背后的逻辑，而语言形式本身也是多变、不稳定的。

3.4　感理的理：坚固的躯壳

感理名人有李安、黄晓明。

与理感一样，感理也呈现了先天基础和后天认同之间的矛盾作用机制。区别在于，理感是遗传基础为理性、社会化方向为感性；而感理反之，是遗传基础为感性、社会化方向为理性。相比理感，感理显得尤为纠结。

陶然居的创始人严琦就是典型的感理型老板。正如严琦在《小善大爱》中说的，她一开始是"人来了心没来"，可以理解为她的后天理性认可了"小善大爱"这个行动，但先天的感性还没反应过来，所以刚开始表现出来的更多的是抵触和排斥。但后来各个平民英雄身上表现出来的坚持和理念让她感性部分的壁垒融化，这时她才真正投入进来。而且相比感感的袁农和理感的白云峰，她的肢体语言不够自然、不够身心合一，有明显的克制。

感理的人不认同自己是"感性"的人，他们最喜欢听到的评价是"洞察""睿智"等和理性有关的词。社会化方向的理性要求他们在大多数情况下必须展示理性的一面，这样才可能被认同，才可能安全。可以这么说，对于感理的人来讲，外在呈现的理性是他们守护先天感性基础的最强的盾。

遗传基础的感性长期被克制的结果，就是变得羞于呈现和展示感性。因此在需要投入情感的情境，他们往往不知所措，就算他们有情感的投入，别人也可以感受到明显的克制。另外，由于他们的遗传基础不是理性，他们对意义的理解尚可，但语言精确度不够高；他们会尝试用自己的社会化理性去理解意义，当社会化理性囿于经验系统的影响时，容易无法准确把握科学理性的真正含义——感理的人最擅长或者说最喜欢的事情就是用打比方的方法阐释或理解科学理性，但往往不得要领。

在感理分化说区分的四种分化类型中，感理是最纠结、自我冲突最大的。以朋友圈为例，感理深夜发朋友圈，常常删改朋友圈——他们下意识发了朋友圈之后（此时主导内心的大多是内在的感性基础），回过头来会用社会化理性的眼光审视，因此常常有删改朋友圈的情况。换言之，他们不太能接纳过去的自己，不太能接纳一个感性的自己。

感理面临着遗传感性优势和社会化理性优势的冲突，长期感受到内在的不协调和冲突，因此早早地就会对管理人际关系的理论有需求。

我们还发现，感理的人内在情绪丰富，但情绪的表达有明显的管理倾向和痕迹，大部分典型的感理存在不同程度的情绪抑制。感理管理和抑制的情绪基本属于社会情绪而非生理情绪，前者如尴尬、羞耻、内疚等，后者包括喜怒哀乐、厌恶、恐惧等。我们还发现，感理相比其他三种类型的人，特别容易产生尴尬情绪，其尴尬点越多（共 21 个尴尬点），越会产生较大的冲突。这可能是感理存在这么强烈的身心冲突的原因之一。

不管是理感还是感理，先天和后天两种互相矛盾的优势系统都可以根据情境进行切换。也就是说，在一个需要分析和系统化思维的情境中，这两种个体会切换到理性系统，而相对抑制感性；在一个需要共情和直觉的情境中，会切换到感性系统，而相对抑制理性。这都是理理和感感所不具备的。

3.4.1 感理为什么爱争论

人们不敢释放遗传感性，很多时候是因为遗传感性的表达误差比较大，人们对感性表达习得性无助，同时感性带来的负性体验也比较多。遗传感性"靠不住"，人们不得不寻求社会化理性，起码可以知道自己的认知在什么地方构建出错了，因此感性容易进行局部认知结构迭代。

可以考虑在安全环境和健康的亲密关系里进行情绪表达重构和尝试，以获得正确的反应，形成更自动化的联结。在此基础上，再逐步扩大人群范围。

除此以外，还需要了解自己所属不同群体的情绪属性。了解哪个群体更适合哪种情绪的表达后,就相应地进行练习。比如对恐惧比较敏感的人,一方面要找到同类,另一方面要找到绝对安全的表达情境,在自己能掌控的范围内进行自由表达。同时,意识到他人的不敏感营造的相对有风险的整体气氛,允许他人做出在敏感的人看来有风险,但其实只是他们常态的行为。此外,要相信自己的感觉是正确的,不以群体参照的标准作为自己的标准,相信关系的互动性,努力进行对话,营造让自己舒适表达的小环境。

感理的争论是自我维护的争论。感理的人容易抬杠,是因为害怕自己的社会化理性构建错误,一旦错误,重构成本较大,为了降低重构成本,他们会努力维护自己社会化理性的合理性。

而且,他们的社会化理性往往和情绪联系在一起,由情绪导致的反弹更能够引发一些抬杠和争执。

精于抬杠和争执的人慢慢也会发展一些有趣的抬杠途径和方式,成为个人的人际风格。这类风格能够使他们在人际关系中保持情绪的流通,从而和周围的人进行健康愉悦的互动。

3.4.2 感理为什么常见语言和意义分离的情况

情感压抑越多的感理越可能出现语言和意义分离的情况,甚至会轻意义、意思本身,而全盘使用语言技能,因为只有这样才能够第一时间用语言回应互动方,而不必牵扯自己的感性,去感受意义。感受意义的成本过大,往往导致他们选择只用语言去回应,语言回应足以帮他们完成社会适应,进而获得稳定感、形式感以及和别人对话的沟通价值感。而沟通的价值感和客观现实可以分开甚至无关。

科学的语言和符号是和情感分离的,所以也可以独立构建。不遇到特别较真的人，也就不用去在意实际上表达得是否准确，因为在平时的沟通中，只要完成情感和意义方向的表达，沟通就可以不断地持续下去，而不必在每一次沟通时都找到真实的所在。对真实的追求反而可能破坏情感的流通，使得沟通失去意义，失去人与人之间认同的价值。

常见的一个同类现象是，感理会基于文字或文献来做研究，但这种基于文字、文献的研究，会由于文字和事实之间的不完全对应而出现偏差甚至错误，在研究内容边界相对模糊、研究对象相对复杂的学科里，很难有特别统一的理性意见证伪这类基于文字的研究结论。加上感理研究者乐意传播分享，这会造成某种偏向，即往往是感理学者的观点可以成为多数派。

感理对于文字的追求还会导致另一个沟通问题，即概念理解的层次问题。他们可以说出准确的文字定义，却不一定理解文字的真实含义（比如，在基础教育阶段的学习中，他们很难把握真实概念，就通过记住错题来降低错误率，或者学会了概念，但在情景中无法运用）。

3.4.3 感理为什么重视仪式

著名人类学家马林诺夫斯基认为，仪式的存在不仅满足了个人对安定、可理解和可驾驭的世界的认知和感情需要，而且使人能够在面对自然界的不测时保持安全的心理状态。人们在仪式中表现出的驾驭世界的认知和感情需要，就是感理类的人和世界互动的方式，所以群体仪式能完美地满足感理对于稳定规则的追求，同时能够满足其情感需求，在仪式的参与或组织过程中，感理能够获得最佳的体验。

而其他三个分化类型的人总能在仪式中找到让他不舒适的成分或环节。感感虽能有相同的体验，但会受不了情感被仪式的程式约束；理感既很难认同仪式的理由，也难以体验仪式相应的情感；理理首先不能理解仪式的情感，其次也难以和参加仪式的群体进行互动。如果没有权力的要求和群体的压力，其他三个分化类型的人一般不大会参与太多的仪式活动。

3.4.4　为什么感理是最好的传播者

感理型的人整理、组织的动力是最强的，总是期望获得更多的解释角度、囊括尽可能多的内容，并逐步地组织得井井有条。当然，不同的感理，整理风格可能是不同的，其整理的结构和理理、理感有可能也不一样，理理、理感整理的结构根本上都基于客观事实，趋于一致，但感理之间很难达成统一。但正因为有这样的动力，感理更愿意捍卫自己的说法，更愿意别人接受自己的说法和组织方式，传播的动力也是最强的。而且这种动力持续的时间相当长。如果赞成某种论述或思想的感理形成合力，传播的效果会几何级数地增加。综上所述，结合动力的强度和持久性考虑，感理的传播效果在四种分化类型里最好。

进一步讲，传播的效果好，论述或思想存留的可能性也会加大，在符合这种思想的文化下存留，概率尤其可能提高。但如果遇到不符合这种思想的文化，该思想有可能被禁止传播，翻身的概率也很小，不像理理、理感追求的科学理性，只会被暂时打压，但最终都会找到生机，理性的规律是人类处理自身和客观环境之间的问题所不可或缺的，它终将经过时间检验，排除文化偏见，在人类群体中成为共识。

3.4.5　四个分化类型的核心特征

基于感理分化说对四个分化类型在社会适应中的表现进行对比研究，

我总结出它们各自对应的核心适应性动力，这个动力基本决定了各类型的人会选择什么方式为人处世，拥有什么类型的决策偏好，以及选择什么样的生活。以下四种核心适应性动力是理解他们行为的基础，也是帮助他们梳理生活中的不适应现象的关键词：感理的求全焦虑，理理的恒常自在，感感的权变自在，理感的留白自在。每个分化类型的关键词都由两个词组成，其中前一个表达的是状态，后一个表达的是该类型的人的常态——或自在或焦虑，感理和其他类型的人的不同之处就是他们的常态是焦虑而不是自在。下面分别详述四个类型的核心适应性动力。

1. 感理的求全焦虑

在对环境适应的追求上，感理总是期望更全面地了解所有层面，再进行结构上的组织和整合。其结构组织整合受到遗传感性的动力影响，又形成了社会化理性的加工方式，以及与之匹配的结果形态。不同的感理个体会得到不同的加工结果，这使得他们相信还存在更多的可能性尚未整合或组织，并对此产生焦虑和渴求。这种驱力会让其面对社会适应问题时经常性地不满，并迫切地去寻求答案，即使只是暂时性的解释也能让他们的焦虑得到缓解，但暂时性的解释往往不具备普适性，在超出经验范围的时候可能会失灵，这时他们会陷入更大的焦虑。因此他们对于普适性规律的寻求非常急迫，找到后的舒畅感也更加强烈。

2. 理理的恒常自在

理理总在寻求普适性的解释，指导自身对世界的认识和自己的生活。客观规律是有层级的，在遇到更加底层的、能够解释更广层面的事物的规律前，理理的观点往往不会动摇，即使他知道当前自己掌握的内容是不完善的。理理相信，即使一时找不到普适性规律，未来也一定会找到，他们允许未知状态的存在，不焦虑，不会因为未知而急迫地想要得到一个解释，而是时刻处于对未知的开放性的探查和质疑。对理理而言，不了解的事物和掌握的事物之间有明确的界限，这一界限十分清晰。不了解的事物，想了解的时候再去了解即可，理理不会着急，而会接受自己的不了解。

3. 感感的权变自在

用"随景而动""因势利导"等词语形容感感为人处世的风格最为恰当。只要适应了环境，感感就不会进一步探究。对感感而言，问题的发生和探究的开始是前后脚的关系，和其他类型的人不同，感感不会出现先探索以防止问题发生时没法处理的异步现象。快速处理变化、应对变化，并找到最合适他们的方法是他们的生活之道。保持本心的灵动，寻求简单的结构，不被外界的条条框框所扰是其学习、工作的基本原则。

4. 理感的留白自在

理感会寻求普适性的解释，但是不会强求，除非有明确的动机或使命驱动。他们会选择令自己舒服的方式方法，抓最主要的问题解决，抓大放小是他们工作的主旋律。他们会努力适应社会，但会选择相对安全、自在的空间，在保持冷静思考的情况下去做事。他们爱出谋划策，但不愿做出头鸟，不刻意追求做事圆满，不强求自己。他们在发表意见没有风险的合作环境中会主动发表意见，在潜在风险的情境中则会等待合适的时机。

3.5 能量

所有生物有机体都是生物能量系统，都有一个共同的特征，那就是随着时间的推移，能量消耗不能超过能量输入（薛定谔，1945）。

能量的高低决定了遗传感性的强弱，遗传感性强，生物个体活动范围更大、数量更多、频率更高，个体会表现出更多的内外交融（个体自身与其他个体的互动）；遗传感性弱，则活动范围更小、数量更少、频率更低，行为表现的线索更隐性，需要在更隐秘的情境中观察。

对遗传理性的人来说，他们的遗传感性本就较弱，能量高，能增强感性表达的强度、范围和频率，相对看起来也更具感性气质；反之，对于能量低的遗传理性的人，我们只能在亲密关系里观察到他们的感性表达。

对遗传感性的人来说，能量高，其感性会涉及更多的层面，性格热情似火，喜欢多彩的事物；能量低，则涉及的层面更少，很少表现出热情，更多地表现得小心翼翼，气质清淡雅致。

个体自身也会经历能量的高低变化、波峰波谷。能量变化会影响活动的范围、数量和频率的波动。比如，女性在月经期一般会相对缩小活动范围，降低活动频率，缩小社交范围，也会和亲密的人进行更多的沟通和情感互动。

3.5.1　新陈代谢

人类能量很大程度上体现在进食量和进水量上，食物和水的多少代表了人们因为能量消耗而补充的量。每天的进食量和进水量能体现出个体的能量高低。能量高的人会把能量消耗在更广泛的人际层面或一些运动上；而能量低的人在运动上消耗少，也会进行一些耗能低的认知思考，只进行必要的社交耗能。

按照能量高低，可以把四种分化类型分成高能量和低能量两大类。但实际上能量是一个连续谱，高和低的区分只是为了通过一些特征更好地进行辨识。

为了更好地了解能量和新陈代谢的关系，让我们看看生物学是如何计量能量的。

3.5.2 基础代谢率

基础代谢率（basal metabolic rate，BMR）是恒温动物维持正常生理机制的最小产热速率，是动物在清醒时维持身体各项基本功能所需的最小能量值。现在，BMR 已经成为能量代谢水平种间和种内比较的重要参数，它能反映不同物种、不同个体的能量消耗水平。动物能量代谢的生理生态特征对物种的分布和丰富度等有十分重要的制约作用。BMR 作为动物能量消耗的重要参数，与生物体的许多生活特征、生态特征和行为特征密切相关（A. A. Degen，1997）。

较高的 BMR 可以增强持续运动的能力，维持强大的运动能力更有利于动物得到食物、保卫领域，或者进行资源竞争，自然对持续运动能力的选择促进了某些动物 BMR 的提高和内温性的产生（王玉山等，2001）。大多数极地动物具有较高的 BMR，这反映了食性的影响。由于极地生存环境恶劣，极地动物需要较高的 BMR，以维持正常的生理活动。肉供能效率极高，因此极地动物大多为肉食性动物。

根据活动水平，我们可以将动物分为两类：活动型动物和非活动型动物。非活动型动物大多是树栖动物，它们一般生活在热带，以叶、果为食；与相似食性的陆生动物相比，它们的 BMR 较低。活动型动物的平均代谢率是非活动型动物的 1.45 倍。不冬眠的哺乳动物的 BMR 是日休眠或季节性休眠兽类的 1.21 倍。

科特加等人（Koteja et al.，1993）对 90 种鼠类啮齿动物的 BMR 及与生活史特征相关的影响因素进行了比较。这些动物的生活史对策被划分为三类:"鼠对策""仓鼠对策"和"田鼠对策"。"田鼠"类一般食用不易消化的食物,栖息在较冷的地区。"鼠"类选食高能量的食物,生活于较温暖的气候中,栖息地湿润或潮湿,具有丰富的植被。"仓鼠"类也选取了高能量的食物和温暖的气候,栖息地大多干燥而开阔。"田鼠"类和"鼠"类相对于"仓鼠"来说具有较高的 BMR。自然选择作用的对象不是单个特征,而是几个特征的综合,综合特征对环境的功能性适应构成了物种的适应对策。

除了基础代谢率外,代谢率还有多种测算方式,如非颤抖性产热、最大代谢率、持续代谢率、野外活动代谢率等。无论采用何种测算方式,代谢率反映的都是物种的特异性特征。代谢率进化的主要决定因素是体型、季节性环境因子、食性、活动性、性别、年龄、系统发育等因素(Nealson & Rye,2003)。

通过以上对基础代谢率及其影响因素的简单介绍,我们可以知道人作为恒温动物的一种,能量的测定也应该以代谢率为基础,但具体什么测量手段更合适,还需要更细致的研究。不过,对能量的大方向上的测定还是可以实现的。

3.5.3 能量高低的判断方法

1. 行为线索

- 说话声音大小:声音越大,能量越高(如果自己不知道自己声音是大还是小,可以用录音的方式把自己和其他人的对话录下来并进行比较)。
- 用铅笔画画时的力度:力度越大,线条越长,能量越高;反之,能量越低。
- 处于安静和活跃状态的时长的比例：处于安静状态的时间长，则能量偏低，处于活跃状态的时间长，则能量偏高。
- 对冷热的偏好，喜欢热则能量低，喜欢冷则能量高。

综合以上线索，基本就可以判断个体的能量高低了，但要形成准确的判断，还需要学习者建立更大的样本库。

2. 个体素质行为和生理指标

包括运动量、每天进餐次数和食量。这三个指标越大，能量越高，而且这三个指标是相关联的。

除了这三个可以观察的行为指标外，还有一些生理指标，比如血压、胃酸分泌和免疫系统状态，血压高、胃酸分泌旺盛和免疫系统状态良好意味着能量高。不过这些指标需要通过医学技术进行测定。

当然，这些指标还需要整合起来看，具体判断方法的设计可以参考动物学研究，逐渐明晰和完善。

此外，人作为社会适应性动物，可以进行很多非自然要求的自我调整，比如健身和专业运动训练，这些都可以改变新陈代谢的状态。因此我们需要控制这些因素对于实际能量测量准确性的影响。也许基因测试是一个考察基线代谢水平的可靠方法。

3.5.4 以理理和感感为例说明能量高低对分化类型行为表现的影响

1. 低能量感感和高能量感感

低能量感感有更多的负面情绪，尤其是在人际互动过程中。但他们的自我表达还是很通畅的，尤其是在熟悉的没有压力的环境下。相对于高能量感感，他们的活动和人际范围更小，人际生态位相对偏低。但他们很少控制和掩饰自己的情绪，而且其他人也能清晰地体察他们的情绪。另外，他们的思维不会像感理那么断断续续。

高能量感感的人际范围上是所有分化类型里最广的，他们可以和任何人自来熟，基本上人见人爱。在人际关系中，他们可以随机应变，自然切换状态。因为人际生态位高，所以他们非常招人喜欢，也爱抛头露面，参加各种活动和聚会。他们能从人际关系中获得很多机会，在恋爱、婚姻方面也总会更快地建立稳定的关系。因为很多困难都可以通过人际关系解决，所以他们往往会形成人际策略优先的问题解决方法。相应地，通过个人努力，如脑力、体力劳动来解决问题的方案，往往不会被优先采用。所以相对来说，高能量感感获得的硬条件和硬技能会比其他分化类型的人少，他们往往很难做到未雨绸缪。

很多当红的明星是高能量感感，非高能量感感的演员或艺人出名的概率相对较低，因为他们很难获得所有人的喜爱，只能获得一部分人的欣赏。而且很多艺人一开始感性释放不够，不被观众所熟知。随着他们在演艺圈摸爬滚打、不断磨炼，他们的感性释放越来越自如，观众从而可以通过他们的作品将感性看得更清晰，对他们的接受度和好感度也会提升。

高能量感感的女性年轻时往往在婚恋市场上很受欢迎，可能会获得成为全职太太的机会，这客观上阻止了她们发展硬技能，提高社会地位。随着她们的年岁日益增长，她们外表和内在的状态渐渐不如年轻时。又由于婚姻中男性的生态位随着事业的发展不断提升，这可能会增加他们对其他年轻女性的吸引力。所以如果高能量感感不能使其社会地位随男性同步提高，就有可能会因为男性选择其他女性而被抛弃。

2. 低能量理理和高能量理理

低能量理理往往行动比较迟缓，性格比较沉静，不怎么社交，喜欢独来独往。他们的运动技能往往不够好，每天进食、喝水的量也很少，不怎么出汗。他们一般不修边幅。他们的人际技能发展相对迟缓，往往需要通过后天学习才能够不断地理解方法和规则，在社交上的短板很难补足，所以他们在选择生活策略时以扬长避短为主。此外，他们从事的职业以技术工种为主。

高能量理理的社交范围比较广。他们的运动量也比较大，新陈代谢水平相对较高。他们虽然也不怎么修边幅，但是由于经常与人会面，基本的谈吐和衣着还是符合社会交往规范的。在行事上，他们会比较刻板，遵守规则、追求真理、追求事实，且知识面比较广，对知识的把握也比较准确。但他们对人际关系的知觉能力相对较弱，处理人际关系的方式会让感性的人感到无情。高能量理理具有相对较强的人际关系处理能力，能处理的事情的范围更广一些，往往能成为技术类工作的负责人。

3.6 哪个分化类型最好

感理分化说和依恋理论都是互动类的理论，并且有一定的联系。我们知道依恋类型有四种，其中最适应亲密关系的是安全型依恋。那么感理分化说里的四个分化类型是否也有优劣之分？事实上，感理分化说中的四个分化类型并无优劣，只是对不同情境的适配程度不同。比如会议之于理理，闲聊之于感感，授业之于理感，引领之于感理，就是合适的情境。我们需要做的就是明确自己的类型，并且清楚自己适合的情境。

同时我们可以看到，依恋类型之所以有优劣之分，是因为它只被置于亲密关系这个具体的情境中，这也是依恋理论的局限之一。

事实上，就算放在亲密关系中看，感理分化说中的四个分化类型也没有优劣之说。图 3-1 呈现了四种感理分化类型的人际吸引模型。我们可以看到，感感和理感互相针对，感理和理理互相针对。感感和理感会有冲突的地方：感感觉得理感的感性很多时候是假的；理感也不太喜欢感感，因为感感会用持续不断的情绪节奏来干扰理感的间断性节奏，理感会感到不舒适。如果双方可以调控这样的节奏错位，交往就不会太难。这一点可以借鉴低能量感感和理感顺畅交流的经验——低能量感感有节制地表达情感，也照顾到理感情绪节奏的心理机制。

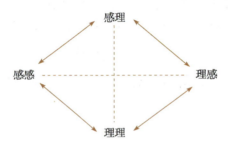

图 3-1　感理分化类型的人际吸引模型

感理和理理也有冲突的地方：感理觉得理理老纠他的错，于是会自然地排斥他们，因为感理不想被迫进入事实或逻辑判断的过程，他们希望把握自己的节奏；理理会觉得感理老是犯错，还不大愿意承认。两者的交流错位决定了他们不是各自的首选交往对象，当然，如果双方能够在彼此接受的范围内讨论事实或逻辑，仍然是可以相处的。

而相邻的两类人就可以比较融洽地相处。理感认为理理能帮助自己厘清头绪，理理觉得理感的感性值得自己学习，所以两者有着定向的合作需求。感理和理感觉得彼此都是混和型，但视角和看法又不太一样，有互补性，尤其是在完成任务的时候。感理也喜欢和感感在一起，感理觉得感感本身容易交谈，情绪通畅；感感喜欢感理的理性，认为它能够带来稳定感和条理性。感感喜欢理理是因为生理需求，觉得理理很酷，很有男人味。在多数情况下，对于上述的模式，如果感性的一方是女性，理性的一方是男性，关系会比较和谐；反之则不然，感性的男性和理性的女性处于和别人不一样的相对小众的生态环境。也就是说，性别因素会对四个分化类型不同性别个体之间的生态位关系起到调节作用，越小众则生态位越低，越大众则生态位越高。

总之，在不同分化类型的人的交往中，如果两者情感表达的节奏和理性要求的程度可以达成互补性吸引，同时不会互相干扰，两者就能和谐相处。当然，关系的紧密程度也受双方的交往动机和持续性关系的需求影响。

针对多数人的情况而言，感感的生态位在人际交往中是很高的，因为和他们说话很轻松，情绪表达通畅自然，别人也会认为他们比较性感，比较喜欢他们。智慧和情感是人的重要属性。在人与人的社会互动中，情感是第一位的。大多数人不做科学研究，不追求本质和真理，只要能够在有限范围内适应这个世界就可以了。所以很多人喜欢感感。比如，我们观看娱乐明星参与一些游戏来获得快乐，就是因为他们偏感感，有他们参与，游戏才会更有趣，人们也愿意付钱让他们参与，然后去看他们的真人秀。他们只需要展现魅力，其他人就愿意捧场。可见，感感在四个分化类型中人际生态位最高。若感理和理感的感性、理性结合得比较好，那么其生态位在人际交往中会是次高的。理理的人际生态位低，他们的情感资源最少，一旦涉及情感流动，理理就会被弱化。

然而，在科学和事实探索领域，理理的生态位就会升高。在互联网和科研领域，理理比较有竞争力。他们天生具有厘清结构的能力，为了培养起这一能力，别人可能要付出很多努力，而他们几乎不用付出努力，并且很快就能达到目标。在这些领域，理感的生态位较低于理理，感理和感感次之。不过有些感感会比理感做得更好，而感理很难达到理感的位置。感感的情况比较复杂，需要根据个体情况来分析。

不同类型的人有不同的生态位，然而具体到个体的时候可能还是有些差别的，需要具体情况具体分析。不过总体上要用生态位的思想来看待不同类型的人之间的相互吸引以及他们各自在定位方面的认知。人是复杂的，即使感感和理理也是有另外一个面的，他们的感性和理性只是占优势，而不是全部。世界也是如此。我们可以看到，不同的学习科目对理性和感性有不同的要求。比如，生物、化学虽然是理科，但是它们偏具象，涉及实体呈现，有感性的基础，需要记忆的东西较多，且需要不断积累和加工经验，所以感理和感感都有可能学好这两门学科。物理和数学的差别最为突出，物理包含经验内容，比起数学，更适合感性的人学习。有趣的是，从实际辅导学生的经历和学生的自我报告中，我们发现，在物理的力学部分和电学部分中，遗传感性的人更擅长力学，而不是电学。相对来说，力学有具象经验可以参照，电学更脱离经验。在学数学时也有差别：代数学习更需要抽象思维，几何学习，尤其是平面几何，感性的人更加擅长。对感性的人来说，立体几何要难一点，代数则更难。即便是应用题，脱离经验的情境也会使他们难以理解，情境背后的数理规律就更难理解了。

总而言之，不同学科会有具体的偏向，在具体的学习内容上又有偏向。不同的学习内容需要不同的教学方法，不同的学生有不同的学习路径，不同的学习路径决定了老师需要告诉学生该怎样去学而不是采用一种方法来学。现在我们做的最重要的努力是发展一些针对理科的感性学习材料和方法，或者说针对缺少经验参照的理科知识，用一些具象化的东西来让学生获得感知。比如，电路和水相似性高，可以借助水的流动以及水和管道的关系让学生在一定程度上理解电流、串联、并联等一系列概念，以及开关会导致什么样的结果。这就是我们在思考的办法，它对学习内容、学法教法和师生匹配这三个层面都进行了探讨。

另外，感理和理感存在先天基础和后天认同之间的矛盾作用机制。这两种个体先天和后天的两种互相矛盾的系统可以根据后天的情境而切换。即在需要分析和系统化思维的情境中，这两种个体会切换到理性系统，而相对抑制感性；在需要共情和直觉的情境中，就会切换到感性系统，而相对抑制理性。并且，在群体中，也存在面对不同情境时突出其中一个或多个个体优势能力的情况。这种调节是自动进行的，也就是说这两种个体思维和行为方式的切换是无意识的。感理和理感个体中这种依据情境属性自动调节感理系统的能力，体现了人的可塑性和发展性。日后这种能力可以推广至所有人群，帮助四种分化类型的个体挖掘、补充自己的潜力。

注：建议读者读到这里马上在日常生活中实践。读者可以从第5章"学习难点及典型问题分析"中自行选取和自己生活相近的案例进行对照阅读和判断，从而快速增长自己的判断经验，并降低失误率。

在这里，我介绍一个理理家庭主妇的实践发现供大家参考，抛砖引玉。她去菜市场或者成衣店时，会遇上各种分化类型的售货员。她观察到，当她需要的货物不在柜台上的时候，不同类型的售货员的回答是不一样的。比如，她问店里怎么没有香蕉了，不同类型的售货员分别是这样回应她的：感理售货员向她推荐其他水果，理理售货员直接回答"没有"，感感售货员回答"到货后给你打电话"，理感售货员会根据经济收益进行调货或回答"没有"。这些回应非常生动鲜活，非常有代表性。

这些生活中的发现和应用直接帮助她提高了处理工具关系的效率，以及对生活的掌控感。

四种分化类型处理焦虑事件的策略

比较了四种分化类型的个体处理复杂社交性聚餐情境下的人情事件的策略后，我们初步发现：对社交性聚餐的焦虑会出现在几乎每个感理分化类型的人身上。若一个人焦虑水平较高，那他经历的这类焦虑事件的数量会增加。且感理是四种分化类型中聚餐焦虑最严重的类型。理感和感理一样，其经历的焦虑事件多少受个体影响比较大；感感的焦虑事件多集中在社交焦虑；理理对社交性聚餐没有焦虑。

具体到处理策略，四种分化类型的个体都会使用被动策略；其中感理使用的策略具有多样性，但略逊于理感，感理中采取被动等待、改变认知和提前解决的方式的人较多。理感是四种分化类型的人中最常采用向外主动策略的，同时他们会使用多种方式缓解焦虑。感感只使用提前避免和被动等待的策略，且使用提前有意识避免的人数较多。理理因为几乎没有焦虑事件，所以多使用被动策略。

总之，与其他两种类型相比，由于先天遗传和后天认同的冲突，感理和理感在生活中会面临更多的焦虑，但焦虑的严重程度受个人因素影响较大，如果本身就是比较焦虑的人，那他在社交性聚餐情境中会遭遇许多焦虑事件。可能是因为焦虑事件过多，理感和感理都发展出了比较多的应对策略；他们之间的区别是，理感会向他人询问有哪些处理方式，而感理重在对自身的改变。理理和感感由于情绪比较通畅，遇到的焦虑事件很少，且相比感感，理理由于具有内在理性，情绪波动不大，遇到的焦虑事件会更少一些。感感和理理的应对策略都较少，但是感感可能会预感到焦虑事件的来临，从而采取提前避免的策略。

3.7 未分化的人适用于感理分化说吗

相对于传统的双系统理论，感理分化说认为成人的双系统使用模式是遗传基础和社会化交互的结果，即遗传基础的理性/感性与社会化的理性/感性的交互作用。这使我们能够更好地理解不同类型的个体在行为偏好上的不同。

1974年，美国心理学家贝姆（Bem）首次提出了"双性化"的性别角色概念，打破了传统的"雌-雄"一维性别角色定位。贝姆认为，雄性化与雌性化是两个互相独立的维度，因此，一个雄性个体可以拥有高水平的雌性化气质（双性化），也可以雄性化与雌性化气质均很弱（未分化）。总之，性别角色一共有四种，它们分别是：雄性化（雄性化气质强，雌性化气质不强），雌性化（雄性化气质不强，雌性化气质强），双性化（雄性化、雌性化气质都强），未分化（雄性化、雌性化气质都不强）。

前面我们说过，结合对性别认同概念的考察，我们发现，感性系统和理性系统的发展机制和性别认同发展变化的过程很相似。感理分化说成立的基础是稳定的个体先天遗传，先天遗传不稳定，个体对于自身的感受性认识也会经常变动，因此很难用一套稳定的系统去解释自己的行为。那么对于性别未分化的个体，或者说对于感性、理性区分不明显的个体，感理分化说有什么价值和意义？

再如患有双相情感障碍的个体。患有双相情感障碍的个体会有两种状态，当患者不能清晰把握自己的病情规律时，他仍然认为自己在精神上是单个个体，而不能清醒地意识到在不同精神状态下，他的行为方式完全不同，在他人看来就像不同心理状态下的两个个体——一个偏抑郁，一个偏躁狂，在共用一个身体。这种身体和心理的复杂对应关系是超出我们对身心合一的大多数个体的认识的。

所以，建立在稳定生理基础上的感理分化说不能完全解释未分化的人的自我认识，但可以将其分成两个相（抑郁相和躁狂相）来分析，只是不能像分析情绪稳定的人那样忽略生理的变动性。当然，对于长期以轻躁或抑郁为主的双相情感障碍患者，感理分化说的解释力会好些。

虽然对未分化个体思维、行为的解释力弱，但感理分化说可以让这些个体知觉到他人的思维和行为规律，在一定程度上能够帮助他们把握人际交往的规律，减少人际压力源。因为自身的不稳定，未分化个体的人际关系往往不易维系，一方面自身的变动性会使他们在不同状态下以不同的态度对待同一个人，另一方面别人也很难把握他们的规律，这样一来，他们自然会在交往竞争中落在下风。他们普遍形成了矛盾的认知和观念，只用一套系统很难达成内外平衡。感理分化说虽然很难帮助他们自我定位，但是可以帮助其管理人际关系，从而减少生活中的压力源，提高生活质量。

3.8 尴尬情绪和社会化理性的关系

3.8.1 尴尬情绪的定义及引发机制

尴尬是一种自我意识情绪，只有当个体产生自我意识后才会出现（Fischer & Tangney, 1995）；尴尬也是一种社会情绪，只有在真实或想象的他人存在的情况下才有可能出现（Tangney, Miller, Flicker, & Barlow, 1996）。

和羞耻、内疚相比，尴尬更多地由程度轻微的意外事故（Miller & Tangney, 1994）引发，给个体带来愚蠢（foolishness）或窘迫（awkwardness）的感受（Tangney, Miller, Flicker, & Barlow, 1996）。根据引发尴尬的不同机制，尴尬可以被划分为两种类型：一种是由暴露在公众视线引发的尴尬，即"暴露尴尬"（exposure embarrassment）；另一种是因认为他人对自己的社会形象做出了负面评价而导致的尴尬，即"评价尴尬"（evaluative embarrassment）。

3.8.2 尴尬情绪与社会性理性的关系

从儿童发展的角度看，暴露尴尬比评价尴尬更早出现。暴露尴尬在儿童 15～18 个月时出现，而评价尴尬则在 3 岁左右时才出现（Lewis, 1995）。评价尴尬更晚出现的原因在于，负面评价的出现主要是由于行为触及和冒犯了部分社会规范及标准，而儿童对于社会规范及标准的习得较晚。但有趣的是，面对冒犯了部分社会规范的尴尬情景，四种感理分化类型的人会产生不一样的心理和行为模式。

社会化理性的人（感理和理理）对社会规范的遵守和认可程度比社会化感性的人（感感和理感）更高。因而，社会化理性的人在社会互动过程中会以符合社会规范为目的，控制自己的行为及情绪表达，期望营造符合社会规范的形象。然而即使社会化理性的人希望时刻控制自己的行为，也没有办法避免遇到意料之外的尴尬情景。那么按照此推论，相较于社会化感性的人，社会化理性的人是否更容易感到尴尬呢？

通过访谈，我们了解到，四类分化类型的人的尴尬引发机制有所不同。除了对社会规范的认可，是否具备处理和应对尴尬情景的策略，也会影响个体对尴尬情绪的易感程度，缺乏应对策略的人更容易感到尴尬。虽然社会化理性的人确实更加认可社会规范，但是对于部分更外向的感理而言，他们有能量且有能力去处理意外事件。因为有足够精力，他们能够首先使用情境操控策略，让他人感知到意外的发生是由客观原因导致的，而非个人或主观原因导致；然后能够想到相对幽默和合适的处理方式，建立自己在人际互动中的优势感。这两种策略在一定程度上都能够有效减少他人对自己进行负面评价的可能性，从而缓解尴尬情绪。而遗传理性的人更倾向身心分离的策略，即他们能够客观地评价自己的身体在特定情境中的变化。身体上的一个小变化就会对情绪即心理状态产生较大影响。这使他们能够在尴尬情景中，很直接地判断或承认自己所处的情况。他们不担心这些情况会给自己带来什么困扰，并且意识不到或者不想处理人际关系造成的后果，只关心任务完成状况和自己的身体情况。这种"切断式"的反应策略解释了理理/理感较少感受到尴尬情绪的原因。

第 4 章

感理分化说的应用

4.1　自我发展：去自我中心化

以自我为中心是人们常见的状态，也是广为他人诟病的一种状态。以自我为中心的人不知道怎么把握自己和他人相处的方式，不懂得怎么把控自己，更不用说帮助自己和他人，以及理解、预测他人的互动模式了。人在成长过程中要慢慢脱离原生家庭，同时社会环境也会逐渐复杂化，怎么理解和父母不一样的人，怎么主动了解他人，对个体而言非常重要。

去自我中心化就是明确自己的物质基础，以及剥离主观的自我中心，进而达成对自身及对他人的把握的过程。感理分化说可以帮助我们更加了解自己和他人，从而使自己在与他人的互动中获得自由。

以己度人是我们认识他人的基本策略，那以己度人在什么情况下有效，什么情况下会失效呢？感理分化说区分了四类人，针对和我们属于同一分化类型且处于相同社会经济地位的人实施以己度人，基本不会失真。社会经济地位不同，分化类型不同，以己度人是非常容易失败的，因为我们基本的思维角度和对理性、感性的看法很可能不同，这种看法本身涉及很多感受性的内容，它们在一定程度上处于无意识层次，只有通过科学研究才可以知道由他人的生理基础决定的无意识看法和倾向性到底是什么，进而尽可能地解读，而不是感受。在不清楚倾向性的情况下，我们只能对同类型的人以己度人，对不同类型的人以己度人是很困难的，尤其是涉及感受层面的东西，即通过感官去感知时，个体之间很难沟通。这些障碍都是感理分化说旨在消除的，以帮助个体提高去自我中心化的程度。

除了上面所说的生理基础的差异，交流方式也会影响我们对他人的理解。由于语言在表达感受性内容时缺乏直观形象，因此面对面交流更有助于理解。虽然不同分化类型的人的情绪识别、动作识别等存在差异，但因为信息输入有两个通道，一个是语言，一个是动作，两者能相互印证，从而提高判断理解的准确率。所以信息输入通道少的时候，以己度人也会失效。如果我们只使用文字交流，交流是很难达成效果的，比如一些文明的继承，尤其是人感受性层面的知识的继承，文字记录是模糊的、不准确的，而且科学在这个方面也有点无能为力，反倒是艺术扮演了重要的角色。历史上是先有艺术后有文字的。然而语言在人类进化中一直是人们沟通的桥梁，现代人往往是先进行文字学习，之后才接触艺术的，无形中我们夸大了文字的功能，在科学研究中，我们也非常相信文字、相信文献。但是心理学研究涉及较多感受性内容，尤其是那些需要分析感受的分支学科，如咨询、社会、人格心理学，会存在很多交叉或混同的概念。相对而言，认知及神经心理学就更精确一些，因为它们和感受没有什么关联，更多地涉及事实判断以及一些非感受性、过程性的内容，能够通过语言描述，也可以借助科学的方法和范式，真正实现良好的学术沟通。所以在沟通层面，沟通的具体内容是什么，它的精确性如何，决定了我们通过语言能够达到的理解程度以及它的失误率。

那么怎样才能更好地理解他人呢？这就要分析对方处于什么样的情境，是什么样的人，以及对方的互动内容，这三个方面一起决定了我们到底能不能理解他人。当我们对这三个方面都有了非常深刻和全面的理解，我们就可以在一定程度上实现去自我中心化，从而不断获得新的自由。我们将更好地把握这个世界的各种沟通形态，知道哪种形态是模糊的，哪种形态是精确的，并比较自如地在模糊和精确之间来回切换。

日常生活和科学领域不一样，不需要特别精确的沟通，大多数人只需要适应性理性，不需要太多的科学理性。在这种情况下，如果能够适应，就可以暂停去自我中心化，在这个基础上建立新的自由和平衡。但如果我们想继续追求自由，就要不断地去进化、去自我更新。可见，自我更新的出发点对于不同类型的人而言也是有差异的，比如人们会在家庭互动中形成一个基本的互动模式——在与父母以及父母代表的世界互动时，有控制和顺应两种基本模式，顺应的人多数情况下比较容易实现自由，除非有什么刺激到他的底线，打破他原来的顺应空间，那么他才会发展控制的手段，才会自我反思，才会进入去中心化的、不断更新的过程。对拥有控制感的人而言，一旦控制感被突破，他就开始进化了。相对来说，采用控制方式的人更容易焦虑、更容易退缩，更容易逃避一些不能控制的东西。

情绪发动、理智管理、身心表达、工具延伸——每个人在调整自己或理解他人的时候，都要从这四个层面上分别着手，一旦改变了其中的一个层面，就可以带动整体的变化，"牵一发而动全身"。

首先，关于情绪发动和理智管理，研究发现，遗传理性的人对情绪发动的需求比遗传感性的人小，但前者对理智管理的需求比较大。当然，情绪发动，例如对快乐的驱动力，是所有人都有的，只是理性的人的负面情绪驱动力更少。情绪发动和理智管理的关系让我们认识到人是以情绪系统为先的，但是由于不同分化类型的人有着不同的管理模式，他们形成了不同的情绪发动和理智管理模式。其次，个体分化类型的差别使得他们在身心表达上也不太一样。感理分化说中阐述了语言、情绪和伴随动作的差异。最后，关于工具延伸，坐卧、出行、穿衣戴帽等都会因为前三个方面的综合作用而成为个体的延伸，甚至包括环境及有形无形的物品。

在个体调整自己或理解他人的机制中，情绪发动和理智管理是底层（靠前）的结构，身心表达其次，工具延伸是表层（靠后）的结构。越近底层、越靠前的结构变化，越可能导致后面结构的变化，不过即使是工具本身的变化，例如环境的变化，也会导致个体行为模式的调整。环境心理学就在做类似的研究，通过环境心理学的一些原理，我们能够改变我们的某些身心表达或感受。例如，合理地使用催产素能使男性的身体得到很好的调节，能让他体验到和之前自己所体会的不同的情绪感受，能让他拥有社会互助的心态，从而去帮助别人。在催产素的效果消退以后，他可以反思两种状态下的差别。这对男性，特别是有暴力倾向的男性来说，帮助是非常大的。

我们还可以在不同的层面进行思考，比如在理智管理层面，我们可以教会别人理智方式。对遗传感性的人，用适合他们的理智方式告诉他们原理，同时让他们知道自己和理性的人的差别，那么他们就可以在基于自己的身体物质基础的同时，向别人借鉴经验并且和别人形成很好的合作关系，而不是非要去为自己所不能为。这样便能进一步促进人与人的合作，使得竞争和合作关系更偏向于合作，因为有的任务只有通过合作才能够获得更大的效益。这个机制不仅能带动个体，甚至能带动群体，至少是像家庭这样的小群体的变化。家庭一旦得到优化，就能够带动整个社会的优化。

综上所述，如何从自我中心角度升级至理解、预测他人的角度，需要明确自己的分化类型，逐渐剥离主观的自我中心，从而把握自己和他人，拥有对自己、对他人、对社会、对世界的掌控感——这时候你就拥有了"上帝视角"，从而能在与他人、与社会的互动中获得极大的自由。首先，要让个体不局限于自己所属分化类型的表达方式，可以尝试其他类型的表达方式。这样可以使自我变得更完善，并进一步提高自己的生态位。其次，知道自己发展潜力的边界，不做过分的自我要求；知道自己的发展路径，建立清晰的、符合自己能力的目标。在自己擅长的领域快速地发展，不断地丰富自己，让自己在这个领域的生态位变得更突出，基于自己擅长的事物帮助他人或与他人做交换。具体而言，当遗传感性的人在学习中需要科学逻辑、科学理性时，最好的办法是和理性的人进行交流，以便在一定的时限内完成目标。但如果要真正内化它们，还需要借鉴理性的人的经验，看他们是怎么一步一步发展和升级认识的。遗传理性的人在学习人际沟通技巧的时候，可以以通透的理感为发展目标，不断借鉴最近发展区范围内的分化类型的表达方式，认识到认知共情在什么时候、以什么方式表达会更合适，达到近似遗传共情的效果。

然而在实践中，为什么感理分化说对理感的自我发展帮助较小？因为理感的生态位相对比较高，无论是人际生态位还是业绩生态位都处在前两位，他们对于合作的需求比较小，往往可以独立完成事务，感理分化说对他们人际关系的帮助其实并不大。只有当他们遇到类似与感感相处不好的一些问题时，他们才会发现感理分化说的价值，因为感感的人际生态位比他们高，他们必须处理，否则他们会感到不知所措，甚至他们的人际关系也会受影响。

具体案例参见 5.2 节，它们能给你提供更多感性经验。

4.2 自我与他人

当我们知道了自己的分化类型，也就知道了自己的遗传和社会化感理偏向。自我了解是自我调节的第一步。自我调节可以通过把握自己与其他类型个体的差别、优劣势、在不同情境下的适应程度来实现。如在交友型的社交情境，如果你想给别人留下更好的印象，可能需要表现你的"感"；在会议上，突出理性的优势或能得到更多的青睐。

另外，对感理分化说的整体把握能为我们提供操作性的升级方法。例如，当感理知道了自己所属分化类型的特点，了解到感感和理理的典型表现，他们能够在优化自身感性和理性特质的同时，使原本冲突的两股力量相互促进，为个体所用。他们能在两者间更自如地切换，在让自己感到舒适的同时，达成良好的社会适应。对于通畅的类型，如理理，也能通过有意识地加强社会化感性的训练，提升人际关系质量。感感虽然具有天然的社会适应优势，但是在升职成为管理者时，就容易明显感到理性不足会带来诸多问题。这些都是可以通过准确了解自己的分化类型以及其他分化类型的特点来进行调节的。

能够做到深度的自我认识及灵活的自我调节，就能基本实现人际控制。所谓人际控制，就是能够游刃有余地处理各种人际关系，根据所处的情境和对方的分化类型，采取合适的情感和语言表达方式。

比如，理理的语言十分直白，并且很准确，与他们交流更需要注重事务性的内容，而不宜向对方寻求过多的情感安慰；感理外在表现得很理性，但内在情绪波动大，故要避免情绪阻隔，在双方的"理"发生冲突时，不宜就"理"进行争执，尤其是对构建了较为固化的社会化理性的感理。

当我们能够准确判断对方的分化类型并熟知各类型的根本特点时，就能对对方进行八九不离十的人格写真，并有意识地调节与对方相处的模式。根据初步观察，我们发现四种分化类型之间是存在互动规律的，不过这种互动规律主要是针对普通关系而言的，亲密关系中的情感会和普通关系中的适应性表现不一致。

（1）和谐相处的类型：理感和感理，理理和感感。理感和感理能够互相满足对方对理性和感性的需求，同时能照顾到对方的内在特征。如理感有感理追求的理性优势，同时也能照顾到感理的遗传感性需求。理理和感感虽然是两种截然不同的类型，但双方能够互补，让对方感受到全新的世界。

（2）冲突矛盾的类型：理理和感理，理感和感感。理理和感理发生冲突大多是因为各自的"理"存在差异。理理的"理"是科学导向的，感理的"理"更社会化导向，所以两者的理存在质的差异，是比较容易引起冲突的。并且理理很难照顾好感理的情绪，感理在情绪的作用下，还可能激化矛盾。理感和感感的冲突一般来自情绪节奏和情绪表达方式的差异。如感感会认为理感的"感"是假的、不够自然的，尤其是当他们想要进一步与理感建立情感联系的时候，理感的"感"不到位，双方就会产生隔阂。另外，在社会情境中，理感会表现其社会化感性，但其最稳定的状态是平静，他们无法长时间跟随感感的情绪节奏，容易感到疲惫。

很多时候，我们的社交焦虑、社会适应不良是由于我们缺少科学有效的理论指导，帮助我们理解复杂行为背后的原因，以及对方的性格特点。掌握好感理分化说能够在很大程度上提高我们的自信，使我们游刃有余地处理人际关系，在语言表达、情绪健康、人际沟通等方面得到质的提升。

感理分化说几乎能够应用于所有与人相关的社会情境。在企业管理、亲密关系、家庭教育等领域均有十分重要的作用。在不同的情境下，感理分化说会有不同的作用，但最根本的还是对理论本身的理解，如此才能在各个情境下举一反三，灵活运用。感理分化说应用情境如表 4-1 所示。

表 4-1 感理分化说应用情境

情境	关系	事件
公司	领导与下属	领导：团队管理；下属：与上司相处
	同事	同事相处
	与客户	交易达成
家庭	夫妻	夫妻相处
	亲子	亲子互动；子女教育；与父母相处
学校	同学	同学相处
	师生	师生相处
交易场景	客户与老板	合作评估

在家庭环境中，感理分化说的人际应用价值会被放大，尤其是在夫妻和亲子之间。在子女教育上，父母可以通过了解孩子的分化类型，大大加深对孩子的理解，知道如何更好地与孩子相处，发挥孩子的优势，解决孩子的问题。

两人交往中，如果双方理性程度有落差，基本会演变为由更理性的个体去处理需要理性发挥作用的决策和行动，这种权力的移交往往是自发进行的。在熟人关系中，这种自发的转换甚至是随情境变化而变化的。

在学校中，老师同样需要知道学生的思维和情绪特点，才能更好地因材施教，提高知识传输效率。在灵活度高的私立学校或培训机构，可以根据分化类型进行师生匹配。

在同类型的熟人关系中，双方合作时，对对方感理系统的感知可能会受对方的其他身份和任务条件影响。如在师生关系中，当完成科学性强的任务时，老师会突出自己理性的一面。例如，当一个理感的老师面对一个理感的学生时，这个学生只能知觉到老师理性的一面，判断老师是理理。而理理的学生会认为这个老师是理感。这种互动关系中的调整，是为了更好地发挥各自所长，各司其职，是人在社会中社会化后获得的基本能力，这种能力每个人都有，只是发展程度不同，个体不太能觉察自己的类型，定位不清晰。

一切的关系调整方法都是基于这些丰富的现象自然发展出来的，但由于每个人本身的分化类型不同，在选用不同的为人处世之道时，需要掌握进退拿捏的方法。在原生家庭塑造的社会分化类型的基础上发展出这些方法，需要一个过程。最终每个类型发展出来的模式应该是不同的，不可能达成统一的模式，比如先天理性的人始终无法达到遗传感性的人的共情水平。

感理分化说作为基础性的人格理论，在各个层面和领域都能得到适当应用。它的普及能对我们的生活、工作和学习产生十分重要而积极的影响，有助于优化资源配置、实现人尽其能、提高效率、使人们和谐相处，从而推动社会进步。

4.2.1　不同分化类型对不同人际关系的处理策略

不同分化类型的人在处理不同人际关系时采取的策略不一样。一般而言，随着关系的深入，人们对于情感的包容度更大，能承载更多的负面情绪。在不同关系中处理自己负面情绪的策略是不同分化类型人际策略的核心区分点。感理和理感对关系的变化更敏感，更能够展现其灵活、因人而异的特点。而面对不同的关系，感感和理理的情绪表达不会有非常大的差异，他们能保持自己的本性，所以人际策略基本不会因关系的变化而变化。表 4-2 总结了了解自身和他人处事方式的基本框架。需要说明的是，表中的亲密关系和交心密友仅涉及关系良好时的状况，不包括冷战或关系破裂时的状况。

表 4-2　了解各分化类型处事方式的基本框架

	感感	理理	感理	理感
亲密关系（夫妻、婚约情侣）	感感	理理	类感感或感理	理感的感强化
交心密友（无婚约情侣）	感感	理理	类感感或感理的理弱化	类理理或理感的感弱化
未交心的情感和工具关系混合的朋友	感感	理理	感理的理强化	理感的感强化
工具关系的朋友	感感	理理	感理的理强化	理感的感弱化
刚刚见面的人	感感	理理	感理的理强化	理感的感强化或理感的理强化

4.2.2 亲密关系与感理分化说

依恋理论最初被用来解释婴儿对其照看者的依赖行为，以及为何当婴儿和照看者分开时，婴儿会表现出极大程度的焦虑和不安。后来的研究发现，成人阶段的依恋行为也十分重要，而且这些行为及其背后的机制同婴儿时期的依恋机制非常相似。

依恋理论从两个维度评价依恋质量：焦虑和回避。

焦虑指的是个体担心被依恋对象（如恋人、亲密的朋友）抛弃或被视作无能的程度。回避指的是亲密关系中的成人接受双方之间情感亲密的程度。两个维度相互交叠，形成了四个依恋类型：倾注型依恋、轻视型依恋、安全型依恋和害怕型依恋（见图4-1）。

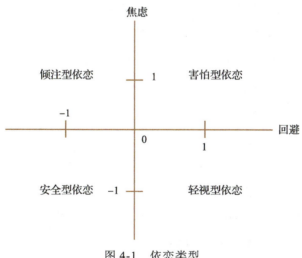

图 4-1 依恋类型

（1）倾注型依恋的人往往有以下表现：
- 恋情中需要很强的亲密感；缺乏安全感，害怕被拒绝。
- 为了抓住对方的心而耍一些感情把戏。

- 不说明自己为什么生气，而是让对方猜测。
- 发泄怒气，而不思考怎么解决问题。
- 恋人稍微有点不高兴，都觉得是自己的错。
- 为了避免伤害，把感情决定权交给对方。
- 对恋情高度重视，心思完全被他占据。
- 害怕对方会嫌弃自己，认为自己必须非常努力，才能得到对方的青睐。
- 怀疑恋人不忠。

（2）安全型依恋的人往往有以下表现：

- 忠实可靠，言行一致。
- 有事会和恋人讨论，不做单方面的决定。
- 对待情感态度豁达，能顺畅交流情感问题。
- 两人发生争吵时，积极解决问题。
- 不害怕承诺和依赖，亲密之后，更加亲密。
- 介绍自己的朋友和家人给恋人认识。
- 情感表达自如，不玩感情游戏。

（3）轻视型依恋的人往往有以下表现：

- 若即若离，重视独立，轻视依赖感，贬低恋人，或者贬低前任（包括开玩笑的贬低）。
- 设法在情感和身体方面与恋人保持一定的距离。
- 和恋人之间保持明确的界限。
- 对爱情有不切实际的浪漫看法。
- 不相信恋人，对恋情有一些僵化的、教条式的认知，要求恋人的行为符合自己的认知。
- 发生争吵的时候，回避问题，或者情绪火爆。

- 闭口不谈与恋人之间的感情状态。

（4）害怕型依恋的人往往有以下表现：

- 选择性地表现倾注型依恋和轻视型依恋的特点。
- 当与倾注型依恋的人在一起时，会有所回避，需要更多的空间，挑剔对方的缺点，不愿意沟通，揣摩对方情绪变化的理由，并进行自我防御，选择用疏离来对抗。
- 当与轻视型依恋的人在一起时，则会表现出焦虑，担心亲密关系受到威胁，会因为对方的疏离而感到不安。

感理分化说和依恋理论都是互动论视角的理论，两者有非常多的相似性。通过大量实践和对比实验，我发现，理理的人由于本身遗传感性较弱，所以很少发展出倾注型依恋；同理，感感的人很少发展出轻视型依恋。理感和感理可能发展出四种依恋类型，当然，遗传理性的人发展出倾注型依恋的概率更小，遗传感性的人发展出轻视型依恋的概率更小。具体如图4-2所示。

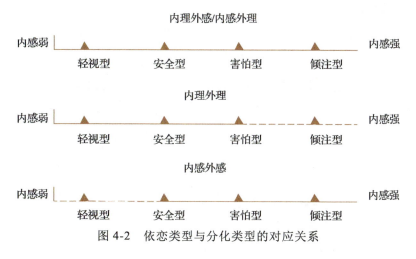

图4-2 依恋类型与分化类型的对应关系

从图4-2中我们可以看到未来依恋理论和感理分化说融合的可能性。

具体怎样融合，还需要做更多的研究，探索更多细节。下面我们将通过分析几个不太可能发展为亲密关系的动力关系，更进一步地揭示分化类型和亲密关系之间的关系。

（1）理感追求理感：因为表达爱意涉及感性情绪更多，理感维持感性表达的能量有限，所以两个理感之间表达爱意的时间不会太久，而且表达爱意的方式趋同。此外，他们的关系中缺乏刺激和变化，缺少乐趣和情调，正性情感无法形成自然循环。

如果双方只是存在能量差异，还可以尝试交往，但关系很难长久，尤其是当关系发动方能量不足的时候，互动很难形成。这时发动方也会埋怨自己付出太多，心累。被动方感觉不到对方的持续关注，就会认为对方对自己已经没有感觉或者无法满足自己的需求。最终两人的感情逐渐冷却，走向分手。

（2）感感追求理感：在理感更加突出自己的理性，表现出更多对行为表达的控制的条件下，感感可能会喜欢上理感。感感喜欢对方的内敛，以及清晰的头脑，也就是说，当理感处于类理理状态时，感感可能追求理感。但是深入交往之后，理感的情绪节奏变化不能满足感感持续不断的需求，感感会觉得自己被冷落，理感也会尝试其他选择。

总之，在这个组合中，两人的异步性显著，很难达成共振，愉悦感很难维持。感感付出得比较多，可能会丧失自己的高生态位，脱离舒适区。理感为了跟上感感的节奏，也会走出自己的舒适区。

4.2.3 不同分化类型的大学生用感理分化说分析自己的家庭关系

为了更好地呈现感理分化说在家庭关系中的作用，我特地选取了四个不同分化类型的大学生对自己家庭关系的分析，保留了原有的文字阐述方式和格式，便于读者对照和理解不同分化类型个体的文字表述特征。

1. 理理女儿、理理爸爸和感感妈妈的家庭关系分析

一、类型

　　爸爸：理理

　　妈妈：感感

　　我：理理

二、角色

　　爸爸：计划、引导

　　妈妈：沟通、活跃气氛

　　我：享受成果、提出意见、参与决策

三、分析

　　1.我和爸爸都是理理，表情不丰富，交流时远没有和身为感感的表情、动作丰富的妈妈交流有趣。但因为我和爸爸本身不特别喜欢说话，所以相处时虽然无趣，却也轻松。基于这一点，我和妈妈，爸爸和妈妈，我、爸爸和妈妈这三种组合，都比较适合旅游。若我和爸爸一起旅游，会不自觉地把旅游过程分解成一个个需要到达的目的地，像是完成任务，比较无趣。

　　2.我和爸爸作为理理，比起口头交流，更擅长文字交流；妈妈作为感感，倾向于用口语和肢体直接表达情感，所以更适合作为我们三人中的沟通者，活跃气氛。

　　3.妈妈曾经向我和爸爸（尤其是爸爸）表达过不满，认为我们总是在她情绪高涨的时候"泼冷水"。事实上，当感感的妈妈分享自己的经历时，作为理理的我和爸爸会对其中涉及的观点、行为比较敏

感，专注于是非问题，而对情绪不太敏感。所以在我和爸爸眼中，我们在指出问题，妈妈则觉得自己的情绪被打断，被"泼了冷水"。

4.起冲突时，我和爸爸两个理理会首先考虑是非，较少考虑情绪，所以倾向先各自冷静，把问题想清楚再讨论；而妈妈作为我们中唯一的感感，一定程度上失去了情绪发泄的出口。因此，我们三个人之间的冲突都是以冷战的形式进行的。道歉时，妈妈会更多地照顾他人的情绪。妈妈是感感，相比爸爸更能理解我购物时的想法；爸爸是理理，比起花钱更喜欢赚钱，说服爸爸购物比较困难。

四、关系表现（可忽略）

（一）正常相处

1.家里

①我和妈妈：大部分时间各自做自己的事，但每隔一段时间会黏在一起相互交流。

②我和爸爸：绝大部分时间各自做自己的事，几乎不交流，互不干扰。

③爸爸和妈妈：经常在一起有说有笑。

④我、爸爸、妈妈：主要是妈妈和我分享自己的经历和看法，爸爸倾听并解答疑问。

2.户外

①我和妈妈：经常结伴而行，互相交流经历、感受、观点，并互相评价、反馈，气氛活跃、愉快。

②我和爸爸：很少结伴而行，即使有，多数情况也是在进行办银行卡、交学杂费、参加考试等目的性较强的活动。一般是我分享经历感受，爸爸倾听。气氛沉静轻松。

③爸爸和妈妈：少有机会结伴外出，一般是去旅游。

④我、爸爸、妈妈：一般是进行看电影、旅游等娱乐性活动。爸

爸提前做好比较完备的计划，妈妈活跃气氛、促进三人的沟通，我享受成果，对游玩计划提出建议。气氛愉悦、轻松。

（二）冲突

1. 形式：冷战。
2. 频率：和爸爸发生冲突的频率高于和妈妈发生冲突的频率。
3. 内容：与爸爸讨论事件，与妈妈讨论感情。
4. 化解：如果和爸爸发生冲突，那么随着问题的解决，冲突自然会化解，一般是一方说服了另一方；如果和妈妈发生冲突，那么需要先化解情绪，一般是一方先道歉。

2. 感感儿子、理理爸爸和感理妈妈的家庭关系分析

父亲：理理

经济行为风格：消费欲望不是很强烈。虽然一直声称自己很会消费，只是受限于钱在妻子手中，但真正消费时，也只会像老师所说的典型的理理那样——给自己买苹果手机。奇怪的是，他对于洗碗机、自动坐便器等享受型电器有着超乎寻常的执着。

学习行为风格：思考十分迅捷（也可能是因为他的职业，他经常打官司、答辩）。据称，从小一直到高考，他的数学都是全班第一（根据遗留的历史资料，这一点可信度极高）。他学习新知识极快，我初中时，他把初中的所有课程复习（自学）了一遍，好辅导我。有趣的是，他会以非常数据化、程序化且黑暗的方式解读人性。比如，之前聊到潜规则的时候，他总要量化人性、量化价值观。他一直保持着"美貌是可以用于交易的一般等价物"（也可能是因为他在经济学专业学习过）、"人与人之间的关系就是权力场中的纠缠"等观念。

工作风格：典型的简化程序型（但是根据我妈的观念来讲，他算是懒惰的）。他特别注重条理，极其厌恶排队、等待等浪费时间的行为。

很少发朋友圈。就算发，也会设置仅使熟悉的人可见，且只转发公众号文章。

话多，但是他认为自己其实是话最少的，因为他有个观念——只和最亲的人以及生死与共的知己说有用的话，谈理性的东西（他的原话）。对其他人，他只会谈感情，谈感性的东西（也是他的原话）。而且在他看来，只有理性的话才是真正的话（他认为感性的话和理性的话一样重要，感性的话可以联络感情），感性的话不是，因此他认为他话最少。他说他的朋友不多。

音乐喜好：很讨厌吵闹的音乐，尤其是摇滚乐。（据说他以前很喜欢摇滚乐，但他认为现在的人失去了愤怒的能力，而在他看来摇滚乐是要表达愤怒的。他的原话是："你都不会愤怒了，还听什么摇滚呢？"）

表情风格：脸上很少有表情，笑的时候会捂嘴。逗我妈开心时会故意全身动起来假笑（在感感的我看来很假）。据他自己说，他这叫"鬼面"。他认为，就像同别人下棋的时候脸上不能露出表情一样，脸上露出了喜怒哀乐就容易被人抓住把柄。

母亲：感理

经济行为风格：爱挣钱，也爱花钱。

学习行为风格：很勤奋，但效率并不高（她自己这样承认），会用很多笨办法，比如将会议内容全部记录下来，手速极快。

工作风格：肯干、踏实。

社交风格：经常用微信与同事、朋友聊天，朋友圈有很多微商。

表情风格：表情丰富，笑起来浑身会动。

3. 理感女儿、理感爸爸和理理妈妈的家庭关系分析

在我的家庭中，我是理感，我的妈妈是理理，我的爸爸是理感。我是根据老师上课讲的一些特征来分辨我的家庭成员的分化类型的。

例如，从情绪表达的流畅程度来看，我爸爸大多数情况下比较安静、内向，但是在表达自己情绪的时候，情绪就都写在了脸上。我和爸爸真的很像，我是那种该笑笑、该哭哭，所有情绪都表现在脸上，又喜欢沉浸在安静的情绪中的人。有的人说我喜怒无常。而我妈妈是典型的理理，她的情绪波动很小，十分平静，大多数时候都能礼貌地表达情绪，而且情绪激烈时主要反映在脸上，基本没有肢体参与。但有一点，我比较容易摔手机，可是屏花了我忍受不了，所以我换膜换得很勤。除此之外，我的英语很差，很符合理感的特性。我也真的很懒，从小就不喜欢学习，遇事总想找捷径。爸爸也是这样。通常在家里，妈妈交代我和爸爸去做的事情，我们两个总是万般推脱，推到不能再推才去做，而且绝对不会正正经经地做，总是要找捷径、找简便方法，然后让另一个人去做。但我妈妈就不一样了，她一定会正正经经以极高的效率做每一件事。以前我就觉得我和爸爸纯粹就是懒，妈妈纯粹就是勤快，但实际上，我们的做事方式还是有一定的科学依据的。我妈妈是理理，爸爸是理感。我不太清楚这种组合的其他夫妻是怎么相处的，反正在我爸妈的相处中，少不了争吵，或者说吵闹比较恰当一点。但有意思的是，这样的吵闹总是稀里糊涂地就结束了。一般是我爸爸惹怒了妈妈（我妈妈很容易被惹怒），然后妈妈就开始叫嚷，她永远是那么几句——"你起开""你走开""别弄我"，我爸爸就笑个不停，也不生气，接着烦我妈妈。等到妈妈真的急了，也只不过是吼上几句，没三句话就会被我爸爸逗笑，然后忘记他的种种"罪行"。而且，大多数时候，对于一些相对感性的东西，我和爸爸能率先体会到其中的意味，妈妈就总是慢一拍。妈妈在看一些比较煽情的东西的时候，表情几乎没有什么波澜，与我和爸爸脸上变幻莫测的表情形成了鲜明的对比。妈妈很多时候会因为我和爸爸太像，说我们两个总是合起伙来对付她。事实证明，我们确实是"一派"，但是我们不是故意的，而是天性使然。

4. 感理儿子、理理爸爸、感理妈妈和理感哥哥的家庭关系分析

自己：感理

符合老师上课讲的感理的大多数特征——黑眼圈，对待不同关系对象的态度差异，发朋友圈时的心理特征，处理生活事务时的选择，经常夜晚表达情绪并产生心理否定的情况，等等。

母亲：感理

母亲经常与我发生矛盾，我们交流有障碍，但是母亲与理感的哥哥比较合得来。母亲的社交方式也是对外人、家人、亲近的朋友采取不同的处理方法，我经常感觉母亲在外面和在家里时判若两人。母亲的黑眼圈令我记忆深刻，我小时候有段时间父母闹矛盾，母亲眼睛附近全是黑色的，近年来虽然有所消退，但一遇到事情，黑眼圈就会加重。

父亲：理理

父亲沉默寡言，不喜欢絮絮叨叨、说很多话。他对人的态度一直是一致的，没有明显的情感偏向，与熟人和生人交往的差别并不大。他处理起事情来不紧不慢，总会以平缓的状态谈事情。但也因为他是理理，他经常与母亲起争执，一直以来都有各种各样的矛盾产生。

哥哥：理感

哥哥的人际交往能力很强，外人大多觉得哥哥义气、感性，但是实际上在家中，哥哥表现得比较理性，在外、在内的差别挺大。他没有黑眼圈，与母亲挺合得来。我与父亲一直合不来，但是哥哥与父亲能很好地相处。哥哥做事简单、迅速，我时常认为他做事很"干练"。

家庭成员关系：

理理的父亲与感理的母亲一直有矛盾，几乎从我小时候一路吵到现在。但是母亲认为父亲很老实，对人没有心机，待人的态度始终

一致；父亲认为母亲很能干，做事有恒心，肯吃苦，十分顾家。感理的我与感理的母亲住在一起，时常发生争执，而且都是因为一些小事，尤其在高考前，发生了很多次不和。我与理理的父亲也有矛盾。理感的哥哥与我、父亲、母亲相处都很自然。

之前和现在如何阐释家庭成员间的关系：

之前我会觉得母亲与我性格不合，哥哥待人有自己的一套方法，懂得如何与人相处，父亲比较闷，不擅长与人交往。现在我知道这些与每个人的特点有关，不仅是因为性格，可能还有更深层次的原因。我能够更加理性地看待家庭关系。

4.3 人在职场

4.3.1 招聘和安置

在招聘的后期决策阶段，感理分化类型的鉴别成本比较高，耗时比较长，所以不适用于快速、大范围的招聘。能够使感理分化说发挥其作用的，大多是错误成本很高的岗位的招聘，内部员工的安置和调配，以及重要任务团队的构建。

感理分化说更适用于职场人士在工作中进行的调控，帮助他们在动态和细节的过程中把握局势和处理人际关系。这些调控大多不在人力资源部门的职权范围内，他们只有建议权，没有决策权。即使他们提供了反馈和参考意见，这些意见也往往并不准确，因为他们并不了解实际情况和细节。

当然，猎头工作关注的个体与岗位的适配程度是否足够高，需要更精准的判断，感理分化说在这里有一定的使用空间。

4.3.2　个体职业定位

职业是不断变化的。随着工业革命、新技术和互联网的发展，职业不断被重新定位。但无论怎么变，工作对象中人与物的比例始终是个体定位适配性的核心矛盾。这个比例对应的感性和理性组合方式，就是个体职业定位的基础。

互联网领域的程序员一般是理理。担任程序员对理感来说是不利的，因为和理理相比，理感的稳定性、系统化和结构化能力更弱。而理感的社交能力比理理好，故而一般会寻求管理或系统规划类的岗位；同理，感理也可以这样规划其职业发展。但职场中也有情商高、有一定感性能力的理理，他们和情绪稳定一些的理感都更容易成为高层，因为他们可以联结更多不同的人，并能为下属提供技术支持。相应地，感理往往可能成为中层。

然而涉及人际关系的职位，如咨询师，遗传感性的人显然更加胜任。由于来访者大多较为感性，理理咨询师往往会令人望而却步，咨询工作很难开展。故而对于一些与人打交道的工作，感感和感理比较合适，因为他们的即时反馈性很好。不过在咨询师的工作中，感性的人和理性的人可以合作：理性的人情绪能量不足，需要感性的人来处理来访者情绪上的问题；在来访者需要理性的时候，理性的人就可以出面去帮助。这种配合对来访者也很有好处。概括而言，遗传感性的人应尽量做和人有关系的工作，理性的人应尽量做物这个方面的工作。而且我们可以发现，若个体都能在其生活的环境中自主判断和决策，并做出选择，那么不同个体基本会沿着这个方向发展。

大家需要多做尝试，去探索自己适合的领域，即使走错了方向，进入了不适合的领域，也可以思考那个领域里相对感性或理性的岗位有哪些，再来谋求内部发展。

4.3.3 组织人职匹配

不同分化类型的个体适合做不同的工作。在个体根据环境自主选择的情况下，人们也能找到合适自己的岗位，但是试错的成本很高。在了解了员工的分化类型之后，就能更好地对员工进行岗位分配，人尽其才。

例如，感感十分适合需要与人打交道的职务，因为他们擅长与人交往，喜欢建立社会关系，也容易让别人接受他们；理理则适合做与人无关的技术类工作，或者数据处理类的工作；感理和理感在领导力方面比较有优势，因为他们有两套系统，可以应付更多的情况（我们发现政治和经济领域的领袖多是感理）。

在一个组织里，处理好上下级关系是十分重要的。领导要根据员工的性格和能力特点进行有效管理，员工也需要知道如何处理好与老板的关系。借助分化类型的匹配和冲突模式的知识，双方能够更顺利地进行合作。

下面我们通过几个例子来看看怎么借助感理分化说完成具体的人职匹配。

案例 1：互联网上市公司研究部门的理感领导和感感下属不匹配

在一家著名的互联网公司负责用户研究的理感领导因为急需人手，所以录用了一个相关工作经验丰富的女员工。但工作了一段时间以后，该员工发现自己听不懂领导说的研究目的和思路，而且，这位感感女员工还根据自己的经验去评判理感领导的思路，坚持认为理感领导的命令和任务分配很难执行，并且沟通成本很高。这一点是理感领导录用她时完全没有想到的情况。我给领导的建议是让他通过一个比这个员工级别高的感理同事给她布置任务。这样除了增加一个中介人以外，还能增加双方用文字表达、沟通的概率，从而使情感冲突发生的机会变少。

以上措施可以降低理感领导和感感员工面对面沟通的成本，提高工作效率，减少摩擦。

以上分析适用于研究岗位。在用户研究工作中，理性的人会更快地把握方向，而遗传感性的人对超出经验外的未来方向的把握相对弱，往往只能在已有经验范围内做出准确、有效的判断和推论。

案例2：互联网上市公司的感理员工和研究岗位不匹配

同样是这家著名的互联网公司，公司招聘到一个做研究的女感理，她以前经常不知道研究问题应该如何提出，执行过程也比较混乱，很难完成研究目标，达不到领导的要求。而且当她和别人配合时，她还会造成别人的混乱。她的感理领导了解到她的感理特征后，将她安置到了一个能够发挥她感理能力的岗位。

感理在做研究的时候，能处理好经验内的问题，但处理经验外的问题较慢。因此他们很难适应变化迅速的互联网公司，因为在这里往往无从借鉴经验，只能不断推进理性的认识，化繁为简。这时候感理的认知推进速度和工作岗位对实际解决问题的速度的要求间就形成了矛盾。如果矛盾长期存在，且很难在短期内解决，就需要考虑岗位适配的问题，要么转岗，要么离开这个不断有新问题出现、对解决问题的速度要求比较高的公司。

案例 3：上市公司开发部门的理理总监和负责监管开发的感理副总的合作与竞争

负责监管开发的副总不是技术人员出身，之前也是凭借感理的一些能力，比如忠诚和勤恳，做到了副总的位置。他负责执行公司开发新系统的任务，按照能力需求录用了一位理理总监。刚开始，这位副总下放给了总监充分的权力，理理总监很快完成了目标，迅速占领了市场，并且赢得了互联网和房地产两个行业的声誉。但这时候由于荣誉的归属问题，两人产生了分歧。理理总监内心不平衡，因为感理领导经常在外表示新系统是在其领导下完成的，而不提理理总监不可替代的贡献。

于是，我用系统分化说给理理总监分析：感理好面子，而且有可能自我夸大，但系统到底是谁负责的，谁是技术大拿，大家心知肚明。理理总监只需要把握技术行业内的交流机会，介绍这个系统的功能和创新之处就可以了。感理副总不会受到邀请，出现在这些场合，也无法进行技术交流。他往往只会出现在非技术领域的公众场所，不一定也没必要出现在技术交流场合。

经过这样的分析，理理总监充分利用行业技术论坛的一些机会，大大提高了个人声望和行业地位，与副总的矛盾也减少了。

感理领导喜欢自我美化、自我包装，希望得到他人的赞誉，让自己面上有光。但其实大家并不会完全相信他们的说法，所以理理也不必太在意感理的言论。最终的评判标准还是用技术解决问题的能力。

案例 4：国企 30 多岁感感男销售人员的晋升难题

一位感感销售人员意欲晋升，数次与领导谈判未果。领导认为他特别适合做市场，但不够稳重。不稳重是感感非常常见的一个特征。销售工作本身变化性比较强，感感的灵活性十分适合销售工作，但对销售管理来说，灵活性就变成了不稳重，方向的经常调整和规则掌握上的灵活性不适合销售管理岗。

在我为他做了分析后，他设立了一些努力目标，决心通过社会化理性形象的塑造，给领导、客户留下稳重可靠的印象，为晋升加码。

实施步骤如下：

（1）观察社会化理性的男士的着装、说话方式和文字表达形式。

（2）回忆、整理被领导表扬时自己做了什么、是怎么做的，优秀员工的评语是如何写的。

（3）总结自己与观察对象的不同，以及自己被赞扬时有哪些理性部分起了作用，确定塑造方向。

- 上班时的穿着，尤其是见领导时的穿着是怎样的？
- 能否多在朋友圈发布一些理性评论？
- 使用邮件、微信、QQ等通信工具进行沟通时采用何种谈话风格？
- 向领导汇报工作或与其交谈时，怎样表现得更理性？

（4）塑造过程中，记录同事、领导的反馈和自己的感觉，并进行调整。

经过半年的调整，他慢慢获得了之前不认同他的感理同事的肯定，领导也更赏识他了。

4.3.4 生态位与职场

我身边很多人已经进入职场或在职场待了很长时间，其中不少人已经成为令一般人羡慕的"牛人"。例如，我有一个学生，硕士毕业后去宝洁做市场研究，获得了很多机会，还被派驻新加坡几年。回国后，他又转业进入腾讯工作，薪资很理想。作为企业职工，他已经很优秀了。但是，他们本质上还是在打工，发展只限于升职、加薪，并依赖多劳多得（上市公司对中高层员工的期权鼓励是一个摆脱纯打工的途径）。刚进入职场时，人们还能追求多劳多得，但考虑到权力的金字塔结构和公司性质，升职加薪往往并不容易。随着年龄逐渐不占优势，人们会被迫开始思考，如果行业内没有太多晋升可能，接下来该怎么办，要如何快速提升自己。

从生态位的视角就能看清楚：在他的工作场域，生态位、权力已经定调，他无法提升太多，但财富和文化还有大量发展空间。他不用花太多精力来追求职场中的晋升（权力），而应寻求财富和文化这两个层面的提升。根据兴趣来操作即可，不一定要按照职场经验行动，从而不用再受制于职场。很多人进入大公司，履历特别漂亮，但拥有这样的综合发展能力的人很少能获得培养的机会，因为大公司通常已经实现科层化和专业分工化，要求定岗定编，只会让员工发展单一能力，而不重视综合能力提升（目前公司的轮岗制和管理培训生制是少数可以获得综合能力的途径和机会）。所以尽早自我修炼，让三个维度的能力一起或先后发展，这一点特别重要。

那什么是职场最核心的东西呢？在我看来，群体生态位的跃升，其效果远大于个体生态位的提升。所以，职场最核心的其实是你是否正在创造一个事业。比如，很多20世纪90年代移民欧美的国人，离开前生态位比很多同龄人高，可是十几年后，发现之前不如自己的同事、同学在国内的生态位已经远远高于他们在国外的生态位，甚至在世界范围内他们的生态位也落后了。这是因为国家的生态位提升带动了国内辛勤工作的人在世界范围内的生态位。

行业内的竞争同理。进入一个行业，你就要和这个行业里的所有人竞争。如果公司进入了行业前三名，机会和前景都会随着这一生态位跃升而井喷。这时，哪怕你在公司内的生态位还不高，但机会、前景都不会差。

进一步说，除了在行业内提升组织的生态位，更高阶的生态位跃升是你所在的行业在社会所有行业中的生态位跃升。从这个角度出发，你最重要的任务是去提高你所在行业的生态位，而不是你在行业内部或公司内部的生态位。

比如，心理学相对于其他学科，无论是社会科学的学科还是自然科学的学科，生态位都比较低。所以很多其他学科出身的人，如统计学、物理学或生物学博士在心理学领域上升得更快，这都是由学科的科学性决定的。另外，心理学在和政治学、社会学、哲学竞争话语权的时候也是滞后的。所以，要提升个体在人类文明史或科学史上的影响力，就不能只着眼于心理学内部的生态位，而要站在学科生态位的角度选择合适自己的着力点去努力。

不过，实现行业整体生态位的提升，是特别不容易的创造行为。人们考虑更多的通常是行业内部的生态位提升。如果公司没有进入行业前三名，起码可以做到被业内人士熟知。这是我想说的三要素之外的另一要素——声望。出名很重要，在行业内出名尤其重要，获得专业的好名声更是重要。声望和权力往往有密切的互动。声望能带来的权力，会帮助你赢得更稳定的社会认可。这一点与官方机构授予的权力有区别。

生态位是在动态的社会脉络和情境中确定的，因此不存在永远占优势的生态位。好的生态位讲求与社会的匹配，而且彼此之间一直是互相选择的关系。更重要的是，不能只考虑职场中的生态位，还要站在人生的角度来看。在人漫长的一生里，有很多重要的阶段、际遇，涉及各种层面，职场只是其中的一小部分而已。人处于怎样的生态位，就有怎样的人生。到达新的生态位，就会重新解读自己的人生。

此外，我们可以设想极端情况，例如战争、行业大萧条、天灾等，这些情况一旦发生，生态位的评价标准就会改变。怎么做能活下来？我们在这些节点上应该如何抉择？这是生态位概念给我们的更重要的指引。

4.4 人与世界

4.4.1 生产与经济

感理分化说除了可以让个体在人际互动中更自由，还可以解释很多经济现象，分析物质在人与人之间流动和生产的规律，把握这些规律，个体就能在经济上获得一定程度的自由。

这里所说的物质包括无形的信息和有形的金钱。无形的信息的表现载体有文学作品和科研作品等，一般感性的人或者理性的人处于感性状态时会读文学作品，而理性的人或者感性的人需要解惑时会读科研作品。至于金钱，一般情况下理理挣钱，感感花钱，尤其是将男理理和女感感进行对比时，这一点更加明显。消费行为中物质流动的规律大致可以直接用感理分化说进行解释，比如过往研究发现，情绪性消费的主力军是女性，男性喜欢购买汽车和电脑等工具性的产品。另外，从感理分化说的角度考虑，我们能更加深入地理解，或许比性别更本质的因素是感性和理性偏向：感感和感理更倾向情绪性的消费，情绪性的消费能直接给感性的人带来情绪的满足和缓解；而理感和理理则更倾向实用性的消费，实用性消费更能满足他们的功能性需求，或者对速度、效率的追求。

然而，当涉及生产行为时，就要考虑可供性因素，人们生产的事物决定了可供性，而可供性决定生产的基本流程。只有当某些特定的技术负载在事物上时，特定的技术或相应的事物才会对特定的人有需求，故而物本身的属性决定了什么样的人更合适参与生产。

事物在不同的发展阶段能满足人不同层面的需求。例如手机，手机刚出现时，无论是造型还是功能都比较单一；随着人们的使用，用户渐渐对手机有了不同的要求，于是设计师开始进入这个行业，手机也渐渐变得多元化。事物在不同的生产环节对参与生产的人的要求也是不同的，如手机的研发环节需要较多理工科的男生，而流水线环节，如 1998 年前后东莞的诺基亚手机工厂，则几乎全是 18 到 20 岁出头的少女。作为女性，她们耐心、细致、动作准确，而男性耐心不足，比较适合做有体力要求的动作。然而这些少女本身并不太适合长期进行这样复杂、枯燥的工业生产，并且她们即将进入婚恋阶段，这些因素致使她们在工厂工作的时间很短。可见，体力或精细动作与生产之间的关系是分工的决定因素，故而技术本身的发展现状、生产方式或生产工具决定了什么样的人适合它，以及什么样的人会受到怎样的桎梏，从而流失，人才流失的基本规律由生产过程及劳动角色的限制决定。

把握这些规律后，我们就可以分析哪些工种、哪些生产方式更适合什么样的人，可以预见不同分化类型的人在哪个位置会比较匹配。感理的人比较适合教育行业，他们有爱心、有耐心，又能给学生以理性的训练；感感的人更适合做外联工作和快节奏的工作；理感适合独立探索；理理更适合做幕后的技术工作。由此，不同的工作内容和工作风格会无意识地根据不同分化类型的特质自动形成，并且这是一个交互选择的过程，你做什么以及怎么做基本是由你的个体属性决定的。

可见，无形信息沟通以及物质和知识的生产基本是由不同分化类型的个体按照他们自己的特征去把握的。在更大的范围内看，群体或整个社会的运作都和感理分化说密不可分：基因决定个体的感理性，从而决定不同个体的生产方式，促进社会分工，随之产生了城市和社会。不同群体的语言和文化的差异性也是由基因带来的，例如一个被山阻隔的村子会形成自己独特的语言，而另一个村子会形成另一套语言，两个村子语言的差异很可能是因为大多数村民的感理类型——村民渐渐形成偏感性或偏理性的语言使用风格，最后形成独特的语言和文化，语言使用风格偏感性的村子的文化色彩相比偏理性的村子会更丰富一些。同时，如前文所述，语言会决定信息的流动方式，特定的人、特定的时刻、特定的目的会"偏爱"特定的语言表达，这可以解释为何现代社会以理性表达为主。由于社会变得更大了，融合为"地球村"，因而只有科学的语言才能促进真实的沟通。如果只在较小的区域内生活，科学对日常生活的意义就不会那么大，比如原始部落是可以在不接受现代文明的情况下一直维系下去的，因为部落内部的交流以及部落成员对于世界的认识可以保证在本群体内有效。而我们学习科学是为了跨越不同的情境实现交流，否则我们就只能基于来自你的家庭和社会背景的经验与他人互动，这样一来，只有拥有与你相同或相似社会背景的人才能令你在沟通时感到比较适应。故而教育的作用就是用科学的方式在你原来的基础上再安装一套沟通"软件"，使你能够在现代社会架构里找到一个更好的位置。

上文说明了感性、理性基因对于个体和整个群体的决定性影响，不过后天有意识的调整也可以在一定程度上使自己有所改变。以我的改变为例，自从开始学习感性同学的文字和情绪表达方式，散发了更多的感性能量之后，身边的朋友、学生、同事和我的关系都发生了微妙的变化。如最近新进课题组的两个女性比较悲观。之前我的课题组没有类似的学生。实际上，之前感理的同学告诉我，他们喜欢我这个理感老师，是因为他们觉得我的思维比较清晰，可以帮助他们梳理自己的想法。看来这两个偏悲观的学生可能是因为感知到了我新发展出的宽松、积极的社会化感性才来的，这是一个没有干预的自然选择的过程。

类似地，我的公选课上开始有很多学生给我拍照、发朋友圈，上个学期公选课的学生也常来看我。更令我惊奇的是，一直不来上课的两个学生自从被我叫来听了一节课后，其中原本想要退课的那个学生改变了主意，并且之后每节课的参与度都很高，另一个学生后来还带女朋友一起来听。这一系列的事件都说明我在社会化层面的主动变化能带来周围人态度和行为的变化，并且他们也能因此得到益处。这类现象开始在课题组内部频频发生，不同的学生获得了不同层面的发展，这种整体气氛的提升，就是由感性的散发以及愉悦、正向信息的传递而导致的。

不同行业和人的关系也可以通过感理分化说分析，如分析一个行业和不同群体的互动关系，或者由于不同行业对从业者的选择而导致的相应行业文化的生成和演变。

能够一直在金融市场里获利的往往是理性的人，而亏损的往往是跟风入市的感性的人，亏损的原因就是在没有认识清楚社会风潮扰动的情况下就进入了市场，而认清大规律和根本的变化周期是非常重要的。例如，最近黄金升值，同时纸币贬值，而2017年黄金贬值，同时纸币升值，两者有着此起彼伏的互动关系，这个规律是很明确的。不过遗传感性的人可能无法等待太长时间，然而理性的人倾向于等待和把握机会。对于不同行业的规律，不同分化类型的人会有不同的反应。美国的一只基金在80年里把1万美元变成了3 159万美元，这意味着买一只1万美元的基金就可以成为千万富翁，前提是你能把握住经济规律，买对基金。上述黄金和纸币的相互关系是一个宏观层面的规律，这种规律许多人都知道，例如在经济增长体中，有些东西一定会增值，如能源，于是买能源股票的人也比较多。然而，这会改变规律的走向，使得能源股票投资变成一种非理性的投资，这里理性的衰减主要是因为买的人越多，购买者群体的异质程度越高，受教育程度不高的人也越多，从而导致非理性因素增加。这也是为何中国石油的股票一直不景气，持有一只鲜为人知的基金或股票反而可能获得比较好的收益。然而即便是受过良好教育的人，刚进入一个不熟悉的领域时也会表现得更感性。人都有一种积极偏向，认为自己进入股市肯定能赚钱，做的决策都是当时情况下的最优解或者至少是能够接受的，自己已经动用了自己最大的理性。而大多数人动用的理性其实是适应性理性，尤其是在面对新事物的时候。经济学的概念如此纷繁复杂，可能就是由这种适应性理性发展而来的。由于它们并没有接触到规律的本质，只看到了许多现象层面的东西，因而谁能尽快将适应性理性上升为科学理性，谁就能越快地赚到钱，因为他能够迅速知觉什么会影响规律的稳定性。

另一个层面是群体和人的关系。很多规律是固定的，而其不固定的部分是感性波动造成的，只要你能掌握相关群体对资本市场的认识和其可能造成的波动，不固定的部分你也就能预测了。在股市里，理性的人会赚感性的人的钱。早进入的人相比新手会更理性一些，新手刚入市时面对的是整套复杂系统，很难理解超越适应性理性的概念、规律和认识，必然会吃亏。

股市的规律非常明确，你觉得复杂是因为你没有把它分解成不同行业和人的关系以及群体和人的关系。其实不同领域的人只需使用他那个领域里的一个规律就能挣钱，股市里的每个人都有自己熟悉的领域，随着经验的不断累积和自己领域的不断扩展，个体使用的策略会不断地衍生和发展。而感性和短线炒股的人很难找到规律，由于短线炒股更容易受到感性股市行为的影响，本身的规律经常变化，尤其是在制度因素影响下的中国市场，因而在中国市场上从事股票交易有不同于国外的一套规律。从以上的分析中，我们可以看到经济规律，以及经济、感理分化说与可供性之间的联结。下面将从可供性和感理分化说的角度来讨论经济的规律。

其实越具有可供性、越实体化的事物，其规律越容易把控，例如股票市场的规律不如重金属市场容易把握，重金属市场的规律不如期货市场容易把握，因为期货交易的大多是矿产品、农产品这种周期性的商品，其变化和发展的规律更容易把握。故而如果一个产铜的国家开始动乱，整个世界的铜供应量一定会下降，这个时候你就应该买进，如果你能更早一点知道这个国家的内部状况，你就能更早买入。虽然期货本身比较容易受天气、环境变化等影响，有一定的随机性，但是它的可控性远远大于人的感性的可控性。

债券和基金也比股票市场更容易把握，这是由于它们的风险不同。债券和基金的收益率虽然比储蓄高，但是比股市低，一般是股市收益率的一半。例如，在股市里，具有理性的人或者是机构基本能够实现20%～30%的收益率，而基金一般只在10%以上，债券则为7%～8%，四大银行和一些商业银行会更低，约4%，如果是在网上交易，则会增加两个百分点。故而不同的理财产品对应不同的市场，不同的市场有不同的风险，而企业利润率的风险会引起产品的生成和变化，因此你的收益就取决于你买的产品。理财产品是由基金公司和银行运营的，基金公司或银行的相关人员在做决策时，由于更多的是集体决策而不是个体决策，决策更理性。而且他们会更多地从长期收益来看，例如面对一个有80%的概率赢利而有20%的概率亏损的机会，他们会按照理性方式决策：即便有20%的概率亏损，也可以通过80%的机会慢慢赚回在另20%的机会中亏的钱，因此整体上基金类的产品一般都是赢利的。

由此可见，不同的人在不同的位置上把握的经济规律的要点是不一样的。散户、基金公司基金经理和银行在市场中的生态位不同，故而对经济运行状况的把握以及依据的判断信息也不同，拥有信息越多的人具有越高的生态位，也越有可能赢利。散户只能根据银行、基金公司等都不会违反的宏观规律去投资。然而由于散户掌握的信息少，因此许多散户，尤其是遗传感性的人，会通过人际关系来获取一些信息，这时候他就可以超越其他的散户。这也是广东省的人爱买广东省企业的股票的原因，他们更容易通过人脉关系获取内部信息。这是感性规律的体现：由信息共享引起的抱团行为。

综上所述，用可供性和感理分化说的共同作用来探讨这些经济规律，可以发现它们其实很明确，并不复杂。可供性是人与物关系的根本，物质的可供性决定不同行业、市场的稳定性；而感理分化说讲述了个体遗传和社会化的感理性结合以后产生的定势，它将决定个体主要的经济决策倾向。我们可以很清晰地看到这两个概念是如何在不同的层面上解释经济和社会的基本发展规律的。

理性和感性个体与钱的互动关系

人使用钱时会把人的属性传递给钱。这里的属性主要指被人类文化定义、被人类群体感知的属性。

钱起到物质交换和信用借贷两个作用。在物质交换中，如果被交换的物质价值低，人们会更随性地处理，这时候交换过程会更多地体现感性特征。在借贷过程中，不同的人还钱的可能性有差别，所以会导致借钱意愿和借钱数量的差别。这一影响过程在理性的人和感性的人中也是有差别的。

理性的人和感性的人在判断是否借钱、借多少钱给特定的人时遵循的规律和他们投资的规律基本一致。理性的人更愿意选择符合规律的借贷方式，借贷方式越符合规律，借钱的比例和数额越大。而感性的人更强调关系的确定性，借方和自己感情越深，借的概率和数额就越大。

赠予钱财和赠送同等价值的礼物，一个没有为对方考虑的心，一个有所考虑。在这种对比下，赠予钱财会显得更没有人情味。但这种情况会因钱变成红包而发生变化。红包因其本身金额的不确定性和礼尚往来的属性，变成了一种人情的交换。

所以不能简单地说送钱有人情味或没人情味，在互动中，不同的情况和不同的数额会引发不同的反应和不同的仪式感，不同的仪式感就相当于理性和感性的不同组合。

在四种分化类型的人中，理理因为对人际关系不敏感，所以相对喜欢用钱解决问题，或者喜欢直接赠予钱财，他们往往想不到比钱更好的礼物是什么。当然，对于他们能理解的人，他们可以选择到合适的礼物，他们可以通过模仿对方的购物行为来挑选礼物。不善交流的感理往往也会选择用钱解决问题，因为这样可以少付出情感，降低不确定性。

由于市场经济不免会引起贫富分化，富有的人会想用钱来交换情感，用情感来交换钱的机会也很多。

贫穷的时代，市场不繁荣，计划经济的色彩更突出。由于配给制的广泛实行，人们的生活所需和物质资料生产的情况基本相同。所以很少出现人与人之间的物质交换，即使有，也往往是以物物交换的形式进行的，而较少用钱来购买。在这样的物物交换中，钱的一般等价物属性会被削弱，人们需要更多的互帮互助，如此一来情感沟通的频率升高，人情味也会更加浓郁。

市场经济的本质就是满足人的不同需要，不同的需要其实很大程度上来自感性和理性结合方式的多样性。因为理性的人在多数情况下具有稳定的需求，而感性的人的需求更具有个性色彩和小众色彩，所以市场经济其实更多地激发了人的感性，更好地满足了人多样化的物质欲望或社会需求。

相对来说，计划经济不提倡感性本身的多样性，因为只有更统一的管理和规范才有助于应对困难和外敌。计划经济主张用统一的适应性理性限制和目标无关的感性的表达。客观来说，感性的多样性降低以后，市场的交换也会变少。

4.4.2 语言与符号

语言、道德、法律、宗教这四者的实践都遵循实践理性，它们本身具有的生态属性使得它们在不同的时代、文化或国家中有着不同的表现形式。不同分化类型的人会对这四者形成不同的知觉，相应的行动策略和实际行为自然也会不同。因此，语言、道德、法律及宗教会受到不同时代、不同文化、不同国家的环境的调节，包括技术条件、某类人的多寡、当权者等。

首先，关于语言，在发展感理分化说的过程中，我逐渐意识到，不同分化类型的人的语言使用和理解存在差异。作为科学家的我偏理性，每当发现一个新概念，我都会用非常准确的词去命名。但在向周围遗传感性的人描述的时候，我发现，他们的理解会出现错误，这是因为我能够比较稳定地理解概念的关键点，但是遗传感性的人会把这个概念的名称与其他相关的词联结。

由此可见，理性的人和感性的人的差别会导致对词语的不同理解。感性的人会用已知的词或概念去理解新词或新概念，并且已知的词对他们的指导性很强。而很多数学和科学概念与其他概念关联不紧密，因此在传播的过程中会遇到阻碍。例如，数学里的"方差"概念对理性的人而言较容易理解，但感性的人可能会有困惑，因为"方差"这个词很不明确；而"变异数"或者"离差平方和"的概念对感性的人而言就更容易理解一些，因为这两个词相对更明确，感性的人看到后能直接联想到相关的知识、概念。"方差"原本是根据数学公式翻译而来的，即"平方的差值"，而不是由英文"variance"翻译而来，译者很有可能是偏理性的人，如果译者偏感性，就会翻译得让感性的人更容易理解一些。

其次，我们对语言的研究发现理性的人是不喜欢猜谜语的，谜语是感性的人的游戏。因为理性的人会觉得谜语背后没有逻辑和规律，仅限于字面或个人经验层面。当下有很多谜语比赛性质的电视节目，说明谜语本身就是一个感性系统，因为如果一样东西进入大众传播系统，那么说明它的理性系统是比较弱的。幽默的产生也是如此，其中一个很重要的元素就是对词语的胡乱联结，感性的人在这一点上做得非常出色。在我意识到这一点后，我开始减少自己理性的控制，放松联结的逻辑意义属性，跨域联结、夸张联结，自此我课堂的幽默效果有了质的变化。并且，在其他轻松愉快的场合，我也开始进行这种非理性联结，甚至有时候会动用理性进行非理性联结，一旦形成了固定模式，之后就不再需要进行理性的判断，而是直接运转偏感性和自动化加工的过程，于是和他人的相处也变得更加舒心愉快。

由此可见，感性的人和理性的人对语言的理解和使用是有很大差异的，虽然这种差异形成了多彩的世界，但是也阻碍了知识的传递以及人与人之间的沟通理解。那么，我们如何在一定程度上减少这种阻碍呢？

回到本书一开始举的例子。现在我已经形成新的认识，例如，每当我提出一个新的概念，想要看这个概念能否在科学领域里使用，在社领域里传播，一个很有效的方式就是按照感理分化类型来做实验，让四种分化类型的个体评价不同版本的概念名称或译名——他们是否能够理解，理解到什么程度，还存在什么误解，最终就能找到各个名称适用的人群。并且，如果我关注的是科学价值，就重点关注理理的感知；而若关注的是传播价值，那就需要关注感理的理解。由于提出概念或翻译概念的人的价值导向不一样，最终选择的词语也会不同。但最好的做法其实是采取双编码的形式，即同时给出适应不同群体的概念名。感性的概念名让人们能够把握概念的大方向，理性的概念名能够保证人们理解的准确度，如果两者很难统一，就应该采用双编码。

要探索不同类型的人适应的概念名，就需要按照感理分化说的范式去做实验，最终按照自己的价值取向去选择概念名，并且标明它是在什么样的价值取向下提出的，这样就减少了语言沟通的失误。因为一旦有人发现这个概念难以理解或使用有误，就可以去看这个词是在怎样的价值取向下提出的，进而更深刻地理解或更自如地运用此概念。而且可能的话，再将概念提出者的感理类型纳入思考，这将会使得我们更明晰概念的传播力和影响力。例如，荣格这类学者是比较偏感性的，他们使用的词语大多意义模糊，理性的人很难理解，但即便同样是遗传感性的人也未必能完全理解。

某一个学说的概念传播的广度、影响力，与提出者的分化类型和这些概念的使用范畴直接相关。所以维果斯基、皮亚杰、弗洛伊德这类人的概念传播得很广，这是由于他们的概念稳定性强，并且适用于所有人，传播性强。

由于不同理论的提出者分化类型不同，所以理论间必定有冲突，除非他们都是理理，理理的理论之间是没有冲突的，而一旦涉及感性的层面，就必然发生冲突，也必然加剧学派之争。当然大家都是尊崇科学的，但感性的人面对科学，会主观选择自己认同的观点。可见不同的人相信科学的尺度不一样，最终判定的标准也就不一样了。

例如，一位感性的脸盲学生认同自己患有脸盲症的过程非常缓慢。这是因为当初他进行剑桥人脸记忆测试，得分为 76 分（满分是 100），高于 60 分，所以他坚定地认为自己不是脸盲症患者。这种对分数的遵循也是感性的体现。分数在理性的人眼中只是分数而已，并不代表事实的判定。因此我一直对其持怀疑态度，希望探求测试分数到底能说明什么，不能说明什么。最终我们发现在剑桥人脸记忆测试中，得分低于 60 分基本可以判定为患有脸盲症，但即便得到 70 分、80 分，仍然有 20%～30% 的概率患有脸盲症，甚至在得分为 90 分的人中也可能有脸盲症患者。那么，那位学生知道这一点以后，承认自己患有脸盲症了吗？没有这么顺利。因为脸盲症这个名字多少有些污名化患者的意味，感性的人不愿意接受，这会让他们感到难受。而理性的人虽然也认为它存在一定的污名化，但是会承认自己患有脸盲症的事实。所以，那位学生是后来随着脸盲症被正名，更被大家接受和包容，让他觉得不再难受，反而会感到舒心后，才渐渐接受了自己是脸盲症患者的事实的。

1. 理解符号世界的认知结构

不同的文字本身具有不同的特性。汉字是当今世界上仍被广泛使用的一种表意文字，其他文字大多是表音文字，表意文字和表音文字传递信息的模式是不同的。表音文字不需要图像系统参与太多，相对偏理性；而表意文字则相反，会在传递信息的时候使用更多的传递通道，使人们不得不使用更多的系统去加工这些信息，而且更倾向于感理系统结合，甚至感性系统先导。文字本身的差异会导致很多不同情况的出现。经济学家基思·陈（Keith Chen）的研究发现，由于汉语没有将来时态，中国人大多很喜欢存钱。研究者还发现，不仅汉语如此，表音文字中也有类似的情况，语言是否有将来时态，与该文化下家庭存钱与否高度相关。在这里我们可以看到文字本身的力量是非常强大的，文字本身的特点会让我们形成我们难以意识到的图式性的群体性行为。

对于网络语言，比如文字"呵呵"，每个人的理解不一样，所以文字符号在传递信息时会有它的局限性，这个时候辅以表情符号就比只使用文字更合适。随着网络的发展，不同的表情符号相继出现，如 emoji、兔斯基、小黑。表情符号带有场景性，可以直接表达出动作、场景和感受，如果没有表情符号，要传达这些需要使用大量的文字。如果网络的沟通和交流还将以非面对面的形式为主，那么这类表情符号还会不断地衍生、发展，并且沉淀。这是由于人与人之间新沟通媒介的使用，必然引起语言生态和符号生态的新变化，正是这种变化促使了新的符号出现。

那么我们该如何更好地理解符号世界呢？认知语言学进行了很多具身认知层次的研究，尤其是隐喻的研究，心理学领域也有很多关于具身认知的研究。文字符号在表达世界的时候是非常抽象的，但在具身认知和隐喻的帮助下能够实现很好的理解。然而对于绘画符号，尤其是绘画投射测验，具身认知和隐喻的解释是不够的，这时可供性概念就变得有用武之地了。我们在一张纸或一个沙盘上传递信息时，纸或者沙盘与创作者之间产生了物质交互关系，这种交互关系的规律只能用可供性来解释和分析。

当然，文字的形式本身在不同的载体上也有不同的可供性，这一点在书法和绘画的变迁中有着非常重要的历史意义。例如生宣和熟宣对绘画形式的不同影响。使用熟宣的时候，画师基本以工笔的方式绘画，所以宋代的画作非常精巧，工笔画的发展在宋代达到了高峰。在纸和墨的关系上，熟宣着墨不易散，而生宣着墨易散，因而生宣不太适合精细的描绘，更适合意境的传达，绘画的自由度从而被加大，故而文人开始大量进入绘画领域，生宣散墨的特性符合他们感性的天性，可以让他们随心所欲地去表达。从这里可以看出，在中国美术史上，对于书法和绘画的发展来说，纸的可供性起着极为重要的作用。纸本身的工艺演化和发展推动了绘画风格的巨大变化，生宣更能表现山水画意境，也使得追求神采的艺术家找到了合适的艺术载体。这一时期意境和感性表达的充分发展在中国画的历史上留下了浓墨重彩的一笔，也在世界艺术史上占据了一个非常独特和重要的地位。

通过上面的分析我们可以看到，在理解符号世界，尤其是极具艺术形态的符号时，可供性非常重要。例如，物质的可供性在字体的发展上也起到了巨大的作用，活字印刷、铅字印刷、电脑显示屏以及 kindle，对字体的要求是不一样的。例如，宋体和黑体十分适应 20 世纪 50 年代初的报纸印刷，宋体适合正文展示，因为其横细竖粗的特点以及笔画拐角处的停顿处理，可以避免油墨浸染带来的字体区分度偏低的问题，而黑体可以实现标题醒目展示的目的。又如我们现在使用的电子阅读屏幕，有非常多的字体开始融入进来，竟然还有明星体，比如"井柏然体"。因为井柏然受大众欢迎，他的字体也比较好看、独特，所以很多人会去下载井柏然体的字库。由此可见，在现代社会，如果你能写一手好字，而且比较出名，那么你的字是可以作商业用途的，而在此之前只有启功先生这样的大书法家才有如此待遇。

综上所述，可供性在理解符号世界的过程中扮演着极其重要的角色。为什么我们之前意识不到可供性的作用呢？是因为我们基本上是就文字谈文字，就语法谈语法，就篇章谈篇章，脱离了符号的载体。在对绘画投射测验进行深入研究后，我发现，不把可供性概念引入是根本无法很好地解释绘画的世界的。当然，也要结合具身认知和隐喻的理论，这三者结合在一起，才能帮助我们很好地理解文字和绘画符号。

2. 感理分化说与符号层次建构模型

符号层次建构模型包含隐喻、具身认知和可供性三个元素，这三者能够解释人在和社会，特别是周围环境互动时的符号系统创建过程。本文从个体差异的层面，即借助不同的感理分化类型，论述不同个体在社会互动中如何建立属于自己的符号系统，以及这套符号系统会对他造成什么样的影响。

我的灵感来自两位感理同学 A 和 B。我发现他们很难理解新概念，如可供性，即便不同的人向他们解释依旧如此。然而感感的 C 同学和感理的 D 同学虽然不能很快地理解这个概念（需要几个月甚至半年），但是一旦他们结合了自身的感受，就能把握住概念的大方向，进而不断地突破和拓展。感感 C 和感理 D 对和自己经验一致的概念理解得很快，当概念超出自己的经验时，只要能够结合相关经验，也可以应付。例如，感理 D 对符号层次建构模型的经验建立就是通过画树投射进行的，他不断地观察、对比和尝试，不断地感受隐喻、具身认知和可供性这几个元素，用了半年时间才真正理解了这个模型。

对于感理的 A 同学和 B 同学，由于他们在建立自己的符号系统时，是以社会适应为目标的，而进行社会适应在很多情况下并不需要了解别人的感受以及事物的本质，可以直接用对方的语言或习得的语言去表达，因此他们使用社会化理性的方式习得并建立了一套符号系统，这套符号系统从建立之初和自己的真实感受就是分离的。所以他们在自己的经验范围内适应良好，一旦超出了自己的经验范围并且处于对话状态，他们会优先使用社会化理性的规则和语言系统去对话，而不会加工到感受的层次，这最终阻碍了个体对概念的加工和理解。然而感感的 C 同学和感理的 D 同学不明白时就会停下来，而不会强迫自己表达，不会用社会化理性的规则和语言系统给自己造成阻碍，因此 C 同学和 D 同学的理解速度比 A 同学和 B 同学快。

对于理理个体，由于他们难以把握人际互动，因此很早就放弃了对人际的探查，在建立符号系统时，他们的目标就是适应客观环境，探索未知。他们由此建立起来的符号系统没有人情，非常简练和直接，这会使他们在面临人际互动时出现困扰。然而他们能很快地加工新的理论和概念，并且能够指出其中存在的逻辑问题，因此每当我有新的理论认识，我都会和理理沟通。其他分化类型的人一般无法快速地将理论和概念加工到较高层次：理感一般只会同意我的观点，感感和感理能够慢慢加工，但提出的问题大多局限在现有的理论里，无法像理理那样挑出理论中逻辑层面的问题。

综上所述，个体符号系统的建立与个体的思维习惯及适应目标有关。理性的人的目标是适应客观环境，而感性的人的目标是适应社会。如果给感性的人太多的规则，并且他们为了适应社会而迫不及待地使用了这套符号系统，使得这套符号系统在建立之初就与自身的感受分离，那么他们将无法探查这套系统本身的意义，其学习最终将很难深入本质。但感性的人能够在语言、范式和规则等层面实现良好沟通，因此表面上他们的学习效果并不差，因为目前的教育系统是用文字来展现学习成果的，我们无法通过语言看清一个人对知识的真实掌握程度。

就如我之前教授的多变量心理统计这门课程，理理的 F 同学的答卷分数没有感感的 E 同学高，但通过平时的课堂和互动，我确实知道 F 同学的理解比 E 同学更深入、透彻。可见，试卷这样的评判系统会突出感性的人的文字表达优势，而理性的人会比较弱势。并且，"学霸"大多是感理，他们除了拥有感性层面的文字表达优势，还有社会化理性的个体符号系统，这使得他们掌握的范式、规则比较全面。同理，很多感理学者在科研上大多选择研究逻辑清晰、可操作性强的主题，他们一般不尝试新的领域，不需要从纷繁的现象里抓住本质，更不需要开创一个新的领域。他们只需用已有的范式去做研究就可以推进研究进展，虽然没有推进多少，但保险、有效。

上文论述了个体思维习惯和适应目标对个体符号系统建立的影响。同时，由于不同符号系统的分离和其不同的侧重点，不同个体在学习不同知识时的表现也不同。下面我将具体呈现不同分化类型个体的符号系统的组成和侧重点：感感的个体符号系统由隐喻和具身认知完整结合而成；而对于感理，隐喻和具身认知在他们熟练掌握的领域是结合的，在他们不熟悉的领域则是分离的；理理的个体符号系统建立在具身认知和可供性层面，由于隐喻有太多他们很难把握的不确定性，所以他们对隐喻的部分基本不感兴趣；理感的个体符号系统和理理相似，然而由于他们有社交适应的需求，他们的情绪表达比理理多，但他们对情绪符号系统的掌握还不够好，可能存在身体语言夸张以及词语、表情使用不当等表现。

我对感理分化说和符号层次建构模型的关系做了一个完整的梳理，具体如图 4-3 所示。此图在"默认符号系统"及"理解和表达优势的载体通道"上的区分是一个重要的区分，以这一区分为指导，我们可以明晰四种分化类型的人在符号表达上的差异及各自的表达风格。这为指导不同分化类型的人学习，以及发挥不同分化类型的人的表达优势提供了理论指导。

130　感性理性系统分化说：情理关系的重构

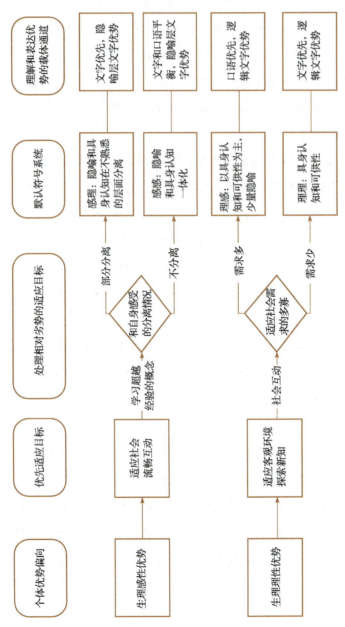

图 4-3　感理分化说和符号层次建构模型的关系

个体符号系统具体又是如何在社会互动中建立起来的呢？是由个体在自己的知觉基础之上，不断地与和他一样的人进行互动而建立起来的。个体最早接触的和他一样的人大多是父母，因此个体基本会习得父母要求的层面上的或者父母营造起来的社会交往系统。故而理性的家庭感情交流少，使用的物品也都是功能导向的，因此孩子很早就会表现出功能导向。而感性的家庭感情交流多，孩子也更多地表现出情感导向。例如，同属感理的 G 同学和 H 同学家里是做生意的，因此这两个家庭的生活中充满了社会规则，而且这套社会规则适用于他们家所做的生意。感感的 I 同学的家庭成员都是职员，从事着自己能力领域的工作，所以他家的家庭氛围更遵循本心。这两类同学的互动模式不同，表达时使用的符号系统也不一样。G 同学和 H 同学的文章往往是纠结的，前后逻辑很难贯通一致；而 I 同学的文章读起来就很顺畅，逻辑一致，即使出现不一致的情况，改正的速度也比两位感理同学快很多。

总之，个体出于适应目标，在人类社会的不断互动中建立起符合各自适应目标的符号系统。新个体进入社会后，会在和已有系统进行互动的过程中选择和他观察世界时一致的符号系统，最终以这套系统为主和世界沟通。不同的符号系统使得个体在面临不同的学习任务时产生不同的表现。

3. 四种语用分化类型

区分感理分化类型最重要的标准之一就是不同个体使用的语言和其要表达的意义之间的关系。在实际使用感理分化说的时候，我们发现这种区分也有助于我们重新看待语言学中的语用领域。语用学研究情境对语言使用的影响，认知语言学尝试从心理、神经等过程探讨语言的使用，但探讨因不同类型个体的具身性而产生的语言使用的不同倾向的研究很少见，对不同分化类型的人如何对待语言使用的认识也不多。在这里，我暂且提出语用分化类型来描述这种语用差异。语用分化类型是因不同感理分化类型的个体无意识使用语言时不同的初始目标而产生的，它们会对各自的优势领域产生影响。初步总结如表 4-3 所示。

表 4-3　语用分化类型

语用分化类型	各类型的优势领域
以事实表达为目标的语言	纯科学领域
以情感表达为目标的语言	授课演讲领域
以文字事实沟通为目标的语言	文学和传播领域
以情感沟通为目标的语言	演艺领域

第一种语用分化类型以意义事实语言为特征，表现为追求意义的本质，而沟通效果不会被优先考虑，一定是在保证意义表达准确的基础上才会做一些沟通效果上的努力。然而日常生活中使用的文字符号往往有文化意义，以这种文字符号进行事实表达，很可能不能保证真实、准确。因此为了表达事实，新的语言形态应运而生，比如数学、物理和化学领域的定理、公式，以及围绕这些定理和公式建立的学科语言体系。

优势和劣势：在科学领域表达上能做到精简、准确，并善用图表表达；在社会交往中会让人觉得冷酷无情，因为难以实现情感互动，容易被排斥在沟通情境外。

第二种语用分化类型以表述事实为主，但为了沟通效果，会打破事实表达的准确性，为当前的表达情境做一定的妥协，以营造情绪气氛。这种风格的语言主要出现在激情演讲、宣传领域，常见的文学形态如讽刺、幽默的文风。

优势和劣势：在事实表达上能带动互动方的情绪，声情并茂。在沟通中会有搞笑之感，使情感产生共鸣。但很难表达对负面情绪的共情，共情语言也相对匮乏。

第三种语用分化类型是基于已有文字进行思考和表述的，主要目的是满足沟通需求。事实表述的准确性变得可有可无，一切都服务于沟通中双方的定位。不断地重复经典是最典型的特征，虽然不同知识水平的人对经典理解不同，但大家沟通的时候都倾向于使用经典，以获得群体认同。这种风格的语言主要出现在仪式活动领域。

优势和劣势：在人与人的沟通中，语言有规矩、有参照，细腻周全，能获得广泛的认同，尤其是在标准化的考试中。但在超越文字的现象表达和知识获取中会遇到困难，需要更多地实践，积累经验，促进理解。

第四种语用分化类型以抒情传情为中心，语言是辅助，声音里的情感超过语言形式本身。情感表达不是直接通过语言进行的，而主要是通过身体、脸和声音的综合传递进行的。这意味着语言变成了服务于情感的工具，如果语言阻碍了情感的表达，个体就会改变语言原有的规则甚至逻辑。最能体现这种语用分化类型的文学形态就是抒情诗歌，诗歌里允许随心的时空穿越、场景变换，人物也可以打破固有关系，重新进行组合搭配。

优势劣势：文字不足以满足情感沟通需要，所以这种语用分化类型多会采用图文并茂的组合语言，面对面沟通时还能善用肢体语言表达。对事实进行表达的时候很难脱离主体视角，往往会陷入细节描述，重点不突出。

通过以上阐述，我们发现，个体的感理分化类型决定了以什么语用分化类型为主来进行表达。经过训练，人们可以掌握其他三种语用方式，但使用频率和熟练程度都相对较低。因为在不同领域或场景中，某种语用方式会更适用，而且不同的沟通对象擅长的方式也不同，所以学会四种语用方式变得非常重要，只有将它们全部掌握才能够获得最大的沟通自由和效果。它们对咨询、教学等领域尤其重要，可以作为咨询的语言技术、教学中的对话技能，提升从业者的业务水平。

4.4.3 学习与教育

1. 从学习能力和动机的角度分析四个分化类型个体的学习偏向

一个完整的学习过程涵盖能力和动机两个层面，其中能力可以细分为知识的快速理解能力、长期加工与存储能力、迁移与创造性应用能力。

在能力和动机两个层面，感性个体与理性个体都有各自的内在机制作为支撑。在能力方面，感性个体的知识快速理解能力在社会文化知识的习得上有优势，因为感性个体对情感性、场景性、故事性信息的加工速度较快。相反，理性个体的知识快速理解能力在科学知识的吸收上有优势，因为理性个体对结构化、有稳定共性规律的信息的加工速度较快。

从知识的长期加工与存储能力看，感性个体对社会文化知识的存储过程往往是将其自发地编织在经验和感受系统里，而对科学知识的长期加工则需要借助实践经验相对缓慢地进行认同、建构、内化，并且这个过程中容易出现方向的偏差。相反，理性个体对科学知识的长期加工和存储一般是主动进行的，他们会通过逻辑的反复推演、验证来将新知识纳入已有的知识结构。而学习社会文化知识时，理性个体则需要被告知其中的规律，特别是将社会互动、文化演进视为系统进行解构后提炼出的稳定变量关系，这样他们才有可能展开深度加工。

在知识迁移能力上，感性个体对社会文化知识的迁移主要靠优势经验来激发，对科学知识的迁移较少，因为他们缺乏对内在结构透彻理解后的举一反三，在面对新的问题情境时往往难以同构和调用已经学过的科学知识。理性个体对科学知识的迁移能力主要取决于其对内在结构自主探索的深度以及解构当下问题情境的能力；对社会文化知识的迁移也需要基于对系统变量关系的理解才有可能顺畅发生。

在学习动机上，感性个体学习知识的驱动力在于自我关联启动，具体体现在两种情况中：①当前状态的稳定性被打破，适应性理性从饱和变成不饱和，促发学习动机，这种情况在科学知识的学习过程中比较常见；②经验和感受系统有所成长，感性个体的自我认知与个体经验紧密关联，提升经验的丰富程度有利于自我认知的提升。而理性个体的学习动机基于原理的理性核心属性，是一种对规律性知识的本能求索，背后存在生理结构上的激励机制。

2. 根据分化类型因材施教

扬长避短和不同类型的天才

通过前文对感理分化说的详细阐述，以及对于不同分化类型个体的认识，我们知道不同分化类型个体的理性和感性的组合方式是不同的，这就决定了他们获取知识的速度和方式会非常不同。

这些组合体现了个体基因和基因表达，人的能动性和社会适应也在其中扮演了非常重要的角色。基于人类社会发展的功能需求，人类社会会在不同时代采取不同的筛选机制来选择适合社会下一步发展的个体，为他们提供更好的上升通道和良性的发展路径。

不同的时代对"天才"的定义不同。如果我们希求社会发展更多地由技术带动，那么社会对技术人才的需求肯定很大，对天才的刻板印象也会偏重于理科天才。而在经济繁荣、政治和平的条件下，我们会对文化型人才有更多的需求，这时候对天才的刻板印象也会向感性天才的方向偏斜。

所以我们很高兴看到四个分化类型的个体为社会提供了能够适应不

同需求的不同的人才储备。从政府和教育部门的角度出发，可以提倡差异化的教育方向和引导，让不同的人能够拥有不同的发展路径；当然，也可以进行一些主流方向的引导，使综合型个体可以向符合主流需求的方向发展。面对这样的宏观政策，个体可以根据自身的感理分化类型，找到所属类型主流适合的学习路径或支流适合的发展路径。

只要能在他们适合的路径和领域发展，他们就能成为这个领域的天才。至于能否真正发挥他的能量，就看他个人的努力和机遇了。也就是说，只要提供更多的可能性，而不是只有一个可能性，那么大家就可以在不同的可能性中做选择，也更可能在不同的领域中做出自己最大的贡献。

当然，在这个过程中，如果只有个体从自己的方向做探索，成材的概率依然较难保证。但若教育者能参与个体分化类型的确认工作，因材施教，那么教育系统从上到下就会形成共识，多方合作、共同培养，成功的概率就会变大，弥补没有目标、缺少理论指导、缺乏家校共识给人才培养带来的损失。

遗传感性的人更可能在艺术领域、信息传播领域以及教育领域取得成功；遗传理性的人更可能在科学技术领域取得成功。因此，当他们学习他们不擅长的学科时，我们不能苛刻和武断地将他们与其他人做横向比较，而应该根据他们的最近发展区，按照他们掌握学科知识的规律来进行指导和引导，促使他们达到一定的水平。

承认不同分化类型不同的加工方式，采用不同的指导方式

针对感理的同学，要帮助他们明晰自己的社会化理性和不同知识或学科主题、结构的关系。需要注意的是，虽然他们能在考试中取得好成绩，但是他们可能未必完全理解和掌握了所学知识。这就需要教师在为他们制定学习目标时，更切实地安排应用层面的考察，促使他们以不断

加工知识，直到融会贯通、熟练应用为目标，而不是考试成绩。

感感同学的社会化理性少，对他们掌握学科知识的阻碍会小一些。如果给他们设置应用目标，也能让他们更好地将知识融会贯通。

针对理性同学答题时语言相对干瘪、简要、明确的特点，不能按照感理表达的全面和复杂程度来要求理性同学。还要认识到他们本身的表达是准确的，因为他们只要能写出来，头脑中的逻辑就基本是清晰的。理性同学能够举一反三，对不同的主题使用同样的方法，或者在不同情境下使用同样的知识进行分析。

由于理理和理感不需要做太多努力就可以掌握数学知识，不能批评他们不够努力，而应该让他们尝试更难的知识或更复杂的问题。在表达方面，也要帮助他们找到更适宜概念具象化的现象去和他人进行交流，而不只是在概念的层面上沟通交流，否则将无法提高他们和别人沟通的效率，还会增加沟通交流的成本。

同样，对于努力学习的感理和感感，要提供更具有统合性的概念和更好的策略、方法来帮助他们降低试错的成本。在这些概念的指导下进行有效的相关实践，可以增加感性认识，从而带动对这些概念的理性认识的提升。

上述内容大多以理工类学科知识的学习为背景。而对于以社会适应为目标的学科，感理和感感占有先天的优势，他们更能理解社会适应类学科的逻辑，更认同这样的逻辑带来的规则。如对管理、法律、政治类学科的知识，感性的人就有更高的敏感性。相对来说，理性的人无法在这些学科里找到客观、真实的统一性，不太能认同没有统一规律指导的学科架构，所以学习起来往往也比较吃力。当然，每个学科里都总有一些知识偏理性，另一些知识偏感性，所以即使进入了一个偏感性的学科，也可以找到适合理性的人的发展空间，只是这类机会相对少而已。

教学相长与相互合作

即使没有感理分化说对学习过程的分析,我们也知道不同的人有不同的能力优势。人无完人,一个人不可能包办所有的事情,感理分化说为我们提供了更多的合作路径和方向。

教师和学生之间的功能扩展性和互补性是师生关系的基础。一个学者可能会因为经验和认知广度远超后辈,而吸引同类型的学生向他学习。另外一种情况是学者身上具有学生完全没有的或者较为缺乏的东西,于是吸引学生向他学习。

功能扩展型的师生关系常见于属于同一分化类型的师生,其中老师会让学生站在他的肩膀上更快地成长,更有可能达到传承学说和将其发扬光大的目的。

互补型的师生关系更有助于使学生完成自我超越,在个体境界提升上达到自我完善的最佳状态。至于学生能否在具体领域发展到顶尖水平,就要看他的个人努力,以及将研究方法融会贯通,以开拓属于他的全新领域的能力了。

举例子对理性的人是否有效

举例子是感性的学习者学习新概念的必要方式,这是因为他们的学习是经验联结性的,如果例子能和他们已有的经验联系在一起,他们就可以进行联想式的加工,建立对概念的感受,这种感受是他们加工新概念的基础,如果没有这种感受,他们对概念的加工就是空中楼阁,最终甚至可能发展为符号和意义分离的状态。这就对传递概念和知识的人提出了举例子的普适性要求。举例子并不简单。如果例子正好为所有人所知,那是最好的,但较少人知觉和理解的概念往往会超出人的一般经验,能准确讲解已经不易,找到合适的例子往往难上加难。比如可供性的概念，感性的人往往需要更长的时间和更多的实践才能掌握。而且不同的人建立感受的事件和时间是不同的，我们很难就此对个体进行指导和追踪，只能在个体提出问题的时候给予引导和纠偏。

不同的是，在讲新概念给理性的人听的时候，首先一定要把逻辑讲清晰，这里的逻辑必须是科学逻辑，不能违反公理和学科的前提假设，而且最好讲清新概念和公理、学科前提假设之间的一致性。否则，理性的人可能会质疑。即使这种质疑可能不会被表现出来，它也会让理性的人陷入迷惑，进而影响他们对此概念的认识。当感性的老师讲解这类概念时，可以把探索的主动权更多地交给学生，不要过多地用权力干涉这一探索过程，否则会影响师生关系，导致教学效果大打折扣。当然，如果例子准确，是非常有利于理性学生的理解的。但这种例子往往比较难找，而且不适用于感性学生的理解。这时最好的办法就是遵循感性理性双编码的原则，准备两个版本的例子，让理性和感性的学生各取所需。

然而实现感性理性双编码的成本比较高，所以只在讲解难点和重点的概念时使用该策略还是可以考虑的。如果教材的编写能遵循双编码原则，其适用性会更强。但由于教材作者不是感感就是理理，很难做到两者都顾及。这就需要两种类型的作者合作，只有这样才能真正实现双编码原则。

本书也在这个方面做了努力。在 5.2 节"以问题为中心的处理方法案例集"中，我们提供了学习感理分化说中的四个分化类型可能面临的各种问题，以问题为中心建立了从机制分析到问题解决，再到不同个体的解决方法分享的案例集。这是为了帮助不同分化类型的读者将阅读到的内容和自己的实际经验做联结，以促使他们对感理分化说产生超越个体经验的认识。

4.4.4 道德与法律

用感理分化说分析道德和法律，我们发现，道德的尺度基本是为感性的人服务，由感性的人来把握的，也主要会引发感性的人的不适反应。而理性人更讲究事实，较少考虑道德。我们曾做过一个小实验，要求被试用钱的数值大小来标记自己对一些不道德的行为的忍受度，发现诸如扎人、泼别人水、吃老鼠（人们可能会通过具身性隐喻将此行为与道德"不干净"联系起来）等行为，理性的人是可以接受的，而给感性的人再多的钱，他们也难以接受。

可见，感性的人认为的道德范畴比理性人更广，这可能和感性的人的敏感点多有关，他们有的对公平敏感，有的对分别心敏感。过去我有很强的分别心，会迅速对不同的人做出自己的判断和选择，这使得我和感感的女学生相处得不太愉快。这可能是因为我的评价激发了女感感的情绪反应，并且由于性别差异，我不会主动与她们交流，致使认知和沟通渠道被阻塞，情绪记忆被她们保留下来。然而男感感不会如此，因为我会主动与他们交流，他们听到我的评价后也能知觉到我为他们好的本意。

对于感性的人，道德激发的情绪会直接影响他们的判断，所以道德是一个感性的武器，可以用来约束他人。由于人类社会中的个体是相互联结的，而感性的人很擅长联结，道德也主要是感性的人在实践，因此借助道德来进行联结和团结是合适的。如若将理性的人作为社会联结的点，那么世界就会变成如同由人工智能主导的机械风格的世界，人的感性对人工智能没有干预和影响，人类社会很可能丧失以合作为基础的生存逻辑。万幸的是，人工智能，包括机械化的部分，至今仍受到感性的人道德的制约，因此科技不至于带来人类的灭亡。可见感性的人会对机器进行人性化的处理，是人类人性的维护者。例如，最早的手机不是特别美观，也很笨重，苹果手机的革新很有可能是由理感的乔布斯与感理的设计师一起推动的，理感决定革新方向，感理决定感性表达，理感再用其理性去筛选，最终才有了如今简约、便捷的苹果手机。

然而，道德并非一成不变，也会因环境的不同而变化。例如，计划经济和市场经济时代的道德有着不同的表现：在计划经济时代，人们的道德更偏感性，也更人性化；然而在市场经济时代，由于对客观规律有了更加丰富的认识，大家的联结更少了，道德约束也会减少。这也反映在不同城市的差别上：城市的新移民越多，如深圳，社区的感性联结越少，很多人会觉得城市的氛围有一些冷漠；而广州、上海的新移民相对少，人情味就更浓。再如关于女权的话题：战争时代社会更尊崇男性的武力，并且鼓励比较强壮的女性像男人一样干重活甚至上战场；而和平年代，女性获取了更多的发展可能性，也提出了更多女权诉求，其实这是不同层面的女性诉求得到了彰显。可见女权诉求的调整和战争及经济发展状况相关，经济发展得越好，社会就越强调女权，经济萧条时则另当别论。

同样，法律也扮演着社会联结的角色，但法律更规则化，它的规则化是适应性理性的体现。法律是理性的人和感性的人互相磨合的结果，并且由于每个国家采用的法律是不一样的，其各自动用的理性机制也不同。当前主要有两大法律系统，一个是判例法，另一个是制定法。判例法遵循归纳推理的逻辑，而制定法遵循演绎推理的逻辑，判例法代表了对真正的适应性理性的尊重。判例法是英美法系国家的主要法律渊源，它在理性的法律原则基本已经确定的基础上，用案例不断扩展裁决的依据和标准，不断修订法律。而大陆法系国家的制定法要求设立专门的立法机构，制定法表现为成文法，较为注重逻辑和系统性，法律规则或原则较为明确、具体，法律的修订过程很漫长。

不同国家选择的法系不同，其实和各国对适应性理性的不同理解有关，也有可能和国民是更偏向感性还是更偏向理性有关。判例法和制定法可以在感理分化说指导下，参照理性和感性的融合规律，逐渐整合完善。

4.4.5　权力

权力存在于不同领域，包括学术权力、政治权力等。以学术领域的权力为例，理工学科的权力更多地集中在真正能解决问题的理性的人手中，但社会学科的权力更多地掌握在感理手中，因为在这些学科中人际关系比较重要，需要按照某些原则或规范感性地执行。由此可见，不同领域的要求不同，最终掌握权力的人也不同。如多数互联网公司是理性的人当权，因为不懂技术就难以服众。而如果没有这个筛选标准，看重人际关系的领域往往是感理当权。

中层人员，尤其是从事行政工作的人员，大多是感理，因为这些工作需要耐心地执行，不太需要创新。这种自然选择下的聚类现象是感理分化说下一步要在组织管理领域进行的延伸研究的对象。绩效管理等制度的推行对大公司产品、服务原创性的负面影响或许就可以用这种人群聚集和权力公平分配的观点进行解释和分析。

4.4.6　宗教

宗教是一个特别庞大的系统，并且同一个宗教内部也是多系统的，很多教义的论述相互矛盾，因为宗教本身就是感性主导的，不同人的解读和诠释会有所不同。这恰恰比较适合遗传感性的人，理性的人面对多系统会比较痛苦，不过理性的人有可能会选择其中比较偏理性的一派，如佛教里的唯识派。另外，信教也受环境变化的影响，例如战乱的时候人们更无助，更需要宗教。即便理性的人，在面临生存问题时也可能选择信教，这时他们更多地是为了生存下去。

4.4.7 感理分化说对文化形成和发展机制的启示

同一分化类型的人聚集在一起会形成什么样的群体文化呢？下面我们以工作和学习的群体效应为例进行说明。

理理聚集在一起会形成追求事实的文化氛围，这个群体对适应性理性发展出来的文化是排斥的，宗教色彩应该非常弱。

理感聚集在一起会追求简化和效率，而不鼓励没头脑的勤奋，因为这种勤奋往往意味着厘清问题后，发现需要推倒重来，还不如从零开始来得容易。这可能会导致群体节奏并不那么快。

感理聚集在一起会追求形式，非常鼓励勤奋努力，但不重视效率。对他们而言，关键的是态度是否端正，事情只要一直在推进即可。

感感聚集在一起完成任务时讲求激情和影响力，鼓励团结一致、共进退。他们注重速度，允许效果在任务更迭中不断优化。

当然，实际的群体多是由四种分化类型的人混合而成的，但某种分化类型的人确实可能因为地缘或生产方式的作用，成为群体中的多数。这样就会形成适应某个分化类型的群体文化，其他分化类型的人需要适应这种文化，也可以尝试对该群体的文化做出改变，提出自己的诉求，使各方的色彩汇聚在一起形成群体文化，促进群体文化的变化和发展。

当然，要更好地厘清群体文化形成和发展的具体机制，还需要做更多的调查研究和对比研究。但无论如何，这样的思路已经让我们可以聚焦一个很小的群体来进行深入研究了，洞悉群体文化的发生发展机制是非常有希望的。

从目前的研究中，我们可以发现一个比较大的规律。感性人群体追求情绪的流动和满足，理性人群体追求事实的阐述和发现。两者各自对应群体文化的关系导向和任务导向：关系导向更有利于集体主义文化的形成；任务导向不利于集体主义文化的形成，而更有利于对个体主义价值的追求。这也许是研究集体主义和个体主义形成的一个新思路。

第 5 章

学习难点及典型问题分析

5.1 分化类型的判断

5.1.1 分化类型判断的复杂次级线索

次级线索不是每个人都会有的，它受制于遗传的表达可能性；而核心线索则每个人都有，只是每个人表现出的特征不一样。前文论述了情绪和语言这两个核心线索的各种表现，现在简单介绍一些次级线索。

1. 生理层面的线索

- 脸部的颜色，黑眼圈，唇色。颜色越深，社会化理性对血液循环系统的影响可能就越大。
- 肢体动作的协调程度。肢体动作越协调，遗传感性对身体动作基础一致性的影响可能就越大。而且感性的人热爱身体运动带来的快感，无论是跑步还是其他健身活动，都能使他们进入愉悦的状态，而理性的人即使付出了努力，也很难体验到快感。
- 节律和时间控制。能够不太费力地自主掌握生活节律，并且不太受茶叶和咖啡影响的人，很可能具有遗传理性优势；反之，则可能具有遗传感性优势。
- 入睡速度。入睡快的多为理性的人。

2. 感性、理性带来的行为表现

- 穿衣风格。喜欢买颜色鲜艳的衣服的人多为遗传感性。男理理基本不穿暖色系的衣服。社会化理性的男性和女性都会给自己买格子图案或对称图案的衣物。
- 对代数、几何的喜爱程度。不同的数学分支适合不同的感性、理性组合。代数、几何多以推理为主，因此能够快速理解代数、几何概念的人多为遗传理性。擅长统计的人就不一定，因为统计属于对实践思维的要求比较高的数学分支。

3. 社会互动带来的聚合特征

- 周围的人的类型。感性的人周围感性的人较多，理感的人周围可能会有各种类型的人，而理理朋友少，除了异性感感外，同性感感基本上很少见。
- 家庭氛围。在以社会化理性的成员为主的家庭中，孩子基本上也是社会化理性的，反之亦然。
- 职业岗位特征。如果岗位本身对感性、理性的要求比较突出，则从业人员是感性还是理性比较好判断。比如销售人员以感性的人为主，新技术研发人员以理性的人为主，但也要注意会有感理参与技术开发工作。

4. 以朋友圈为例进行判断

微信朋友圈的行为表现不同于我们在平时交往中观察到的行为，因为平时交往中的行为往往是即时的，不是历史性的。即时社交情境会使个体呈现出在社会活动中会有的那些表现，而在个人安静独处的情境下，个体的社会化表现相对少一些。另外，一些思想性的、爱好性的信息可以通过朋友圈的发布历史进行清晰的锚定。

但受朋友圈的管理权限和分组呈现限制，判断线索不一定很多，也不一定完整。不过在线索足够的条件下判断还是能够达到八成准的。

（1）具体判断方法。

- 感感：朋友圈发布数量较多，内容多为情绪的描述，如表情、情绪化的文字。
- 感理：朋友圈多为文章转发，他们是知识的传播者。

- 理感：朋友圈发布数量较多，内容多为生活动态，但逻辑清晰，叙述有前因后果。
- 理理：几乎不发朋友圈。

（2）综合判断法及其准确判断的概率。

- 发布频率：没有或过少发朋友圈的可能是理理或重度感理。准确判断的概率约为80%。
- 发布时间：深夜发朋友圈的多为感理或低能量感感。准确判断的概率约为80%。
- 发布历史的呈现：朋友圈仅三天可见或关闭朋友圈的多为感理，否则就是社会化感性类型。准确判断的概率约为70%。
- 表情的运用：表情多且在一段文字之前或之中的，更有可能是感感或感理，表情在文字后的有可能是理感，无表情的多为理理。准确判断的概率约为90%。
- 情绪表达：情绪表达强烈（多感叹号、多表情等）且直接的多为社会化感性，情绪表达婉转、含蓄，表意不清，需要读者猜的，多为感理。准确判断的概率约为80%。
- 发布内容：朋友圈多涉及对生活中小事的描述及感受的，多为社会化感性；内容较少，只写小事，喜欢发布抽象的哲理性内容的多为感理；朋友圈多发布知识性内容或逻辑表述的，多为理感和理理。准确判断的概率约为70%。
- 转发文章：较常转发科技类文章的多为理理，转发观点争论、情感类文章的多为感理。准确判断的概率约为70%。
- 试图激发大家的情感及讨论的，多为社会化感性。准确判断的概率约为80%。
- 晒照片情况：晒照片较多且照片类型多样的（如搞怪照片）多为

感感或理感，只晒精心挑选、修饰过的美照的则多为感理。理理几乎不晒照片。准确判断的概率约为90%。

以上判断标准需要结合起来运用，形成证据链。如果有相互矛盾的证据，就需要进一步搜集线索和掌握矛盾证据出现的前提条件，直到找到产生矛盾的原因。不断进行这样的严格推理，准确性就可以达到较高水平。总之，不同分化类型的人使用社交软件的方式不同，关注的重点不同，表现的形式也有差异。个体的表达很多时候是无意识的，同时，随着技术的更新和文化的不断交融、相互学习，很多线索也会转换和变异。希望读者根据理论中提到的不同分化类型的核心差异去更新用于判断分化类型的表达线索，提高对应的判断准确概率。还需要注意一点，上述判断标准的判断准确率是我的研究判断，它是根据外在表达线索的准确性和线索本身对于分化类型的核心性综合得出的。

5.1.2　如何识别一个人是理理还是深度感理

深度感理在行事风格、价值观以及倡导的理性上都和理理很相似，在身体的控制、表情的呈现上也很相似。所以即使把他判断为理理，以和理理沟通的方式与他沟通，基本也没有什么问题，尤其是在初步交往阶段。

但如果基于这种判断去和他深度交往，触及情感层面，就会发现很多问题。因此深度交往前进行准确的判断是非常有必要的。

判断要遵循感性和理性的交织关系。是感性先行还是理性先行？表达风格是注重规则、形式，还是注重事实？是否有表情控制的痕迹？目前最有效的方法是让对方自己报告自己在有疑问、找不到答案的时候是否会搁置答案，如果可以搁置，对方是理性的人的概率大；如果对方希望尽可能暂时性地获得一个答案，则是感性的人的概率大。比如，很多感理可能会搁置对客观世界的疑问，但决不会搁置对自我相关问题的思考。这恰好反映了感理对人、对自身认识的特殊性。

由于不同分化类型的人把握理性的尺度是有差异的，所以感性的人可以将自己的判断和真正理性的人进行对比、判定，一旦发现差别，可以请理性的人解读这一差别产生的原因，从而真正完成定位和判断。

5.1.3　社会化理性和遗传理性的差异到底是什么

日常生活中人们提到的"理性"概念，往往是和规则、规律等词联系在一起的。科学领域中的"理性"和日常生活中人们使用的理性概念的外延不一样。科学领域内的理性多指科学逻辑推理，也就是共情系统理论里提过的系统化。

那规则本身算不算理性呢？算，但是它是适应性理性（即社会化理性），这种理性是后天发展来的，随着对社会的适应不断发展，它不具有系统化的特征，往往是离散的，会随情境变化而变化，在这个情境下适用，不一定代表着在另外一个情境下也适用。

而且每一个人适应性理性的形成都有自己的特点，所以人们对适应性理性的认识各不相同，也会因此产生一些冲突和误解。而系统化的科学理性就不会引起类似的误解，因为它有唯一的答案，会在理解的人中畅行无阻。

法律条款就体现出了典型的适应性理性，尤其是判例法。制定法里体现的理性很大程度上是系统化的理性，也是人性的理性的那一部分。

家庭教育中祖辈与父辈传播的教育理念，很多是经验积累和适应性理性的成果。如果它们的适用条件在新时代发生了变化，它们就会变得不适应现在的生活。这也是家庭教育容易引发冲突的根本原因。

家庭可以说是适应性理性养成的关键早期环境。在家庭养成的适应性理性顺利地迁移到更广泛的社会生活中，是孩子快速适应社会的重要前提。

5.1.4 去伪存真

目前最有效的分化类型判断方式为多线索判断，线索可以来自情绪、表情、思维、语言、肢体、穿着等。对于部分非典型的、比较复杂的个体，线索的选择和判断本身就存在难度，线索之间甚至可能相互矛盾。这个时候，就需要了解哪些因素会影响我们的判断，以及应该优先考虑哪些因素，以加强对线索的敏感度，从而提高判断的准确性。

另外，我们往往能同时在个体身上看到感性和理性的特征，但是分不清其是感理还是理感。这时，可以通过收集更多刺激反馈，或与其深入对话，进一步确定其情绪和语言特征。需要把握的原则是：个体的遗传特征是一种自动化反应，它总是被优先地表达出来，基本很难改变；社会化倾向会留下社会化的痕迹，但很难完全掩盖遗传的自动化反应。

下面列举四种容易发生的误判情况。

（1）感理误判为感感或理感。

感理误判为感感：感理具有遗传感性的特点，亲和力强，乍一看像是社会化感性的表现。但是询问其情绪处理模式，会发现其是有意控制负面情绪，传播正面情绪，以减少别人的不适感的。而且感理容易纠结，语言流畅度差，可见其不断在寻求有效的社会化理性，期望获得清晰的表达方式。感理的判断标准的优先级如下所示。

一：情绪产生	二：情绪处理	三：语言（思维）
频率高，强度高	控制及有选择地表达	刻意寻求理性

感理误判为理感：在感理身上，感性和理性都能得到明显的体现，但使我们确定其不是理感而是感理的是其感性和理性特点同时表现时，其语言和表情的特点——控制表情、强调语言（理），即将认知控制的焦点放在理性语言表达上，要求感性做出让步、受到压抑。而理感会自动化地进行理性语言输出，同时语言具有明显的感性特征。

（2）理理误判为理感。

那些社会互动频繁、情感丰富的理理，很容易让人觉得他们是社会化感性的，或至少有感性的一面，是一个在感性方面发展得比较好的理理。理理的判断标准的优先级如下所示。

一：情绪产生	二：情绪处理	三：语言（思维）
频率低，强度低	不会有意扩大	准确，强调理性

（3）理感误判为感感。

一些报告自己是遗传感性的人，社会化感性十分强烈，但不是感感。理感的判断标准的优先级如下所示。

一：情绪产生	二：情绪处理	三：语言（思维）
频率低，强度低	节奏化明显，迎合社会需要；常态是平静	注重逻辑，基于事实

（4）感感误判为理感。

那些具有一定理性思维、能够很好地接受理性思维模式的感感，实际上并不具有遗传理性。感感的判断标准的优先级如下所示。

一：情绪产生	二：情绪处理	三：语言（思维）
频率高，强度高	通畅	形式规则跳跃，接受能力强，易求助于经验

最后需要注意的是，对分化类型的判断也会受判断者的分化类型影响。我目前的教学经验显示，感理想快速得到答案，就会基于有限线索做出判断，而且在其他人面前显得比较笃定，但实际上错误率并不低。而理感一般会保持质疑和开放，不会轻易做判断，除非核心证据充分。这样虽然判断的速度比较慢，经常不能给出肯定答案，但一旦做出判断，则准确率比较高。这是读者在实际运用感理分化说时需要注意的。时刻提升自己的判断准确性，并时刻以实验思维对待每个有价值的线索，是非常重要的。

5.1.5　主动练习的方式

基于生态的观察能够保证真实性，但是发生的时间比较随机，而且需要个体具备较强的观察能力，能够自动使用对比思想。这一方法不能满足初学者迫切的学习需求。因此，这里我给大家提供几种需要多次使用对比方法的实验设计或者自然观察场景，供初学者增长经验，扩展认识范围。

（1）让不同分化类型的个人听表达不同情绪的音乐，获得相应的情绪和语言反应。这些音乐可以是感理或感感创作的表达不同心情的歌曲。这样能够观察到同一音乐表达的情感对不同分化类型的人造成的影响，了解不同分化类型的人是先启动情感还是意义反应。比较不同的音乐引发的反应，就能更好地发现实验对象情绪和语言的变化规律。

（2）收集不同分化类型的人在朋友圈发的或文艺或理性的文

字，让不同分化类型的人阅读、评价或分享感受，体会不同分化类型的人对同一段文字的情绪和语言反应的差异。比较不同风格的文字引发的反应，就能更好地观察不同感理分化类型的人评价文字的差异模式。

（3）根据第3章提到的不同分化类型代表性的名人，通过关于他们的访谈节目或者纪录片，观察他们在同一场合或类似场合下的不同情绪和语言表现。

（4）观看类似央视《等着我》的寻亲节目，观察不同分化类型的人的情绪和语言特点在代际间的遗传。

（5）对朋友圈的朋友进行分组观察，对于已经确认其分化类型的朋友，重点观察其朋友圈以及其和你对话时使用的语言，总结同一分化类型的人的共性和不同分化类型的人的差异性。这样持续观察一个月左右，行为样本库就会在脑中建立完善了。当然，学习速度也与个人的努力和基础有关。如果你与这些朋友也有线下的交往，你也可以结合其在线上、线下表现出的特征进行对比观察，这样掌握速度会更快。

（6）对不同分化类型的人小时候的照片进行比较分析，一是观察其成长过程中是否有关键变化期，尤其是社会化理性的影响是否存在，具体表现为从开放到拘谨，或者从安静到开放；二是观察其小时候和其他小朋友之间的互动，看其在互动中如何进退，考察其在群体中的位置与感理分化类型之间的关系。

（7）主动进入以某个分化类型的人为主的群体，比如作为一个理理进入以感理的人为主的群体，体验在群体互动中发生的事情，这样能大大扩展自己对其他分化类型的人的整体认识。如果没有这种机会，也可以找这类人喝茶闲谈，快速地扩展自己对于他们生活形态的认识。

5.2 以问题为中心的处理方法案例集

§ 问题编号：1

【问题表现】

在理性学科或抽象概念的学习上感到吃力，虽然很努力，但依旧理解得慢且不深刻。此外还会因此而焦虑、自责、自轻等。

【高危人群】

感理、感感。

【发生机制】

相较于遗传理性的人而言，遗传感性的人逻辑思维能力较弱，信息加工时偏向于加工感性（经验）信息。学习过于抽象、缺少实例的概念时，遗传感性的同学多数情况下只能记住字面意义（能够复述），但没有真正地理解其含义（难以运用）。

不了解感理分化说时，他们无法正确解释为何自己学习某些学科的效果不好，就会胡乱归因，引发负性情绪。

【解决方案】

首先，通过学习感理分化说了解自己的分化类型，正确解释自己学习理性学科较为吃力的原因。找到真正原因之后，就不会再胡乱归因，以致引发负性情绪。

其次，虽然遗传感性的人先天逻辑思维能力较弱，但可以通过后期的训练来进行提高。此外，在抽象概念的学习上，遗传感性的人可以通过实践积累感性认识，促进对理论、概念的理解。

最后，遗传感性的人可以扬长避短，与遗传理性的人相互合作。

【效果自述】

（1）理科感理女大学生

"知道自己是感理后，很多问题都得到了解释。比如，我高数学得不如其他人好，以前我会找其他原因，觉得自己笨或不努力；但知道对方是理理后，我就会释然，人各有所长，各有所短。"

（2）理科感感女研究生

"我知道了自己很多不足的原因，比如怎么也学不进 matlab，自控力弱，常常放纵自己……然而最后考试分数也不是很低。"

（3）理科感理女大学生

"知道自己更依赖感性经验而逻辑思维能力较弱的特点之后，我开始有意识地寻找一些训练自己逻辑思维能力的方法，也经常请教理性的朋友，学习他们的思维方式。我还在努力的过程中，但确实觉得在有了'主动去思考逻辑'的意识之后，比起之前'全靠感觉'的阶段，我对生活、学习各方面的认识都清晰了不少。而且，我还从理理那里学会了利用搜索引擎，在这之前，不管遇到什么问题，我的第一反应都是向身边的人求助，而现在，很多基础的问题我已经可以利用搜索引擎自己解决了，我觉得很开心！"

（4）理科感理女研究生

"因为我是感理，所以在学习一些抽象概念（如数学、统计概念，以及可供性）的时候，理解速度及深度都远远不及遗传理性的同学。在我还不了解这一点的时候，对待抽象概念，我仍然会遵循传统的学习方式，背诵概念或者进行纸笔练习，将努力付诸对字面意思的理解。但是对于遗传感性的我来说，仅有对字面意思的理解无法指导我解决实际的问题，因此我需要通过实践不断增加对抽象概念的感性认识。另外，感理分化说启发我在学习抽象概念的时候向遗传理性的人求助。比如我学习可供性概念的经历，一开始我仅仅记住了可供性的字面意思，所幸当时已经了解了感理分化说，我并没有因为当时的学习状态而产生太多的焦虑情绪。随后我旁听了老师的行为推理课程，接触了利用可供性原理设计的心理套娃工具，在此过程中努力地建立感性认识。当我再次回顾可供性的概念时，突然有了一种茅塞顿开的感觉，对于可供性的理解深刻了不少。

通过不断积累感性经验，我掌握了非常本质性的理论，这些底层理论反过来有效地指导了我的感性实践，也引导着我找到了现象背后的规律，这是底层理论给我带来的红利和优势。意识到这一点以后，我产生了攻读博士，在更具应用性的管理学领域开展研究的想法，并正在为此努力。"

§ 问题编号：2

【问题表现】

词不达意，说出来的和想表达的内容不一致。

【高危人群】

感理。

【发生机制】

感理赖以建构起对这个世界的认识的，主要是经验，而非逻辑。这就导致感理对每个词语的理解都高度依赖与该词语相关的经验，而每个人的经验都是不同的，于是就会出现在词语理解上的分歧，个别的理解甚至可能偏离该词语的本义。因此，每个感理都会有自己的一套表达系统，而这套系统不一定能被所有人理解，于是就可能出现"词不达意"的情况。此外，感理的情绪水平相对较高，一旦沟通不顺畅，他们就可能产生负性情绪，带着情绪去沟通，自然难达目标，这样的恶性循环更加促进了"词不达意"。

【解决方案】

对于重要的内容，采取"写下来"的策略。首先，"写下来"可以帮助感理梳理逻辑；其次，书面表达系统往往是大家共用的，多采用含义较清晰的词汇和表达，有助于双方沟通想法；最后，通过文字而非口语表达，可以过滤大部分情绪因素，使表达者冷静下来，得以清晰地、不受情绪干扰地表达自己的真实想法。

【效果自述】

（1）理科感理男大学生

"我觉得对于感理而言，很多想法要动手'写下来'是一个很好的建议。感理的人心里想的可能会和说出来的不太一致。写下来才能最真实地表达自己的想法。"

（2）理科感感女研究生描述感理的实习导师

"之前，我总是听不懂带我的实习导师的话，沟通很耗费时间。一来二去，我觉得她是个感理，所以后来与她交流的时候，我就与她面对面用纸笔交谈，当场确认。"

§ 问题编号：3

【问题表现】

拘谨，过分在意别人的看法，过于注重维护自己的形象，有时甚至会"死要面子活受罪"，因为维护形象而无法达到自己的目标，满足自己的需求。在社交场合容易产生尴尬情绪。

【高危人群】

感理。

【发生机制】

成长在一个崇尚理性、鼓励理性的环境中，感理的遗传感性因受到抑制而无法自由表达,并且会相应地发展出社会化理性。但是,通过社会化发展出来的社会化理性,与遗传理性天生具备的理性是有所不同的。遗传理性的理性表现为逻辑思维能力,而社会化理性的理性更多地表现为对规则的遵守。也就是说,感理的理性天然具有"审视"的内涵——为了满足他人对理性的要求(而时时刻刻地对自己"感"的天性进行压抑),因此感理会比其他分化类型的人更加在意自己的形象,甚至为了维护理想形象而不惜牺牲自己的欲望,也更容易因形象崩坏而产生尴尬情绪。

【解决方案】

学习感理分化说,通过与其他分化类型的个体对比,了解自己的特点,并从发生机制上解释自己形成这些特点的原因。通过对比其他分化类型的人对同一情境的处理方式,跳出自己的固有思维圈,摆脱行为惯性,发展出更具适应性的应对策略。

【效果自述】

(1)理科感理女研究生

"学习感理分化说后,我的感性表达变多,内心冲突变少了。一开始我对陌生人比较拘谨,放不开,朋友圈也很少发自拍,学习感理分化说之后,我试着让自己在陌生人面前多笑笑,多开开玩笑,也多和他人互动互动。这之后我变得更开心了,我觉得自己很快找到了男朋友也和这个改变有关。"

(2)理科感理男大学生

"我认识了一些感感,对他们的生活方式有一些向往。感理会给自己定好多不存在的框架,这有时会阻碍自己达到某种目的;但感感就很自由,感觉很潇洒。所以我想发展社会化感性,学会减少无谓的犹豫,直面自己的欲望。现在我不太在意别人的看法了,对很多事情也不再纠结了。举个打车的例子,如果我刚从网吧出来,想打车,刚好不远处开来一辆,我以前就很傻,不会去拦这辆车。我会想'我这样一出来就拦车一点也不自然,好狼狈',然后会装作不需要打车的样子往前走。总之我会顾虑很多东西。现在我就不会了,以前那样做事是想维持一个从容的形象,现在我发现自己的形象没什么维持的必要。换句话说,以前我有一种错误的认识,即聚光灯效应,觉得别人都在看我,因此会考虑别人的看法。比如说,如果我前面有人看起来想打车,有车开过来时我是不会拦的,不管前面的人拦不拦,我都不拦。想象一下那种情景,当我发现前面的人并没有拦车时,车已经离得比较近了,这时候我会觉得自己再拦车会显得很狼狈,而我要从容。不过,了解了聚光灯效应后我并没有做出改变,直到发现社会化感性之后,我才有了出路。现在如果要打车的话,看到车我就会伸手。花了20多年我才明白这个道理。"

(3)理科感理女研究生

"了解了自己的分化类型以后,我学会了尊重自己的感性体验,避免对情绪的不合理控制给自己带来不愉悦,以及在人际关系中过分小心翼翼而产生疏离感。结合情境观,我明白了自己既不应该过分控制情绪,也不应该毫无顾忌地发泄。感理分化说帮助我优化了情绪管理,让我的情绪更加收放自如。不少朋友都觉得我比以前可爱多了。对比以往通过社会化理性塑造形象的自己,我也更接纳现在的自己、自信的自己。

● 摆脱日记依赖

在学习感理分化说之前,我是非常喜欢写日记的。当时我觉得这是一个非常好的习惯,因为我往往会在日记里抒发日常生活中被我控制住的情绪,我写的日记即使没有什么实质性的内容,也会让自己觉得放松一些。但是由于社会化理性的控制,我过于坚持写日记这个习惯，如果某天因为事情太多没有写，我便会因为节奏被破坏而焦虑，甚至会因为没有遵循对自己的承诺而自责。因此，写日记这个习惯并没有让我意识到自己的情绪控制，并没有带来实质性的好处，反而让我形成了'日常控制情绪→写日记抒发被控制的情绪→继续在日常生活中控制情绪→忘记写日记→无法控制意外情况，导致负性情绪'的恶性循环。

学习了感理分化说以后，我明白了自己不愉快并且依赖日记的症结在于对情绪的过度控制。针对这一点，我试着去放开自己的社会化理性对情绪的控制，慢慢地，日记对我来说不再是日常必需品。直到有一天，我突然想起并翻开自己的日记本，发现我已经十几天没有写日记了，我没有感到焦虑和自责，有的只是了解自己特性以后的放松和愉悦——我知道自己不会再为日常生活中没有控制住的小意外而紧绷，我知道自己不再需要通过写日记找到安定的感觉。除此之外，摆脱了情绪控制带来的困扰以后，研究生阶段的我能够将更多的精力分配到学习对自己更有帮助的理论上，我记录的日常感受也更加集中在对理论的思考上，让自己认识问题更加客观和真正地理性。如果说之前写日记的体验就像在消费垃圾食品，满足一时口福，现在我写学习笔记的体验是真的在汲取营养。

- 摆脱尴尬易感

在学习感理分化说及研究尴尬情绪之前，我确实是一个容易尴尬的人，而且一旦产生了非常强烈的尴尬情绪，我会不断地在脑海里回放当时的情景，这样的情绪反应往往会给我带来非常大的困扰。后来我才明白，我之所以会产生尴尬情绪，是因为人际互动中的小意外导致我想塑造的形象崩坏，也就是失去了对社会化理性的控制。因此在我减弱了对社会化理性的控制以后，尴尬情绪出现的频率降低了，强度也减弱了。另外，通过对尴尬情绪的研究，我发现尴尬情绪在社交情境中也有非常重要的作用，比如容易尴尬的人更加具有亲社会的行为倾向。了解了尴尬产生的原因以及能够带来的好处以后，无论我会不会在社交情境中感到尴尬，我都不会感到困扰了。"

§ 问题编号：4

【问题表现】

难以忍受不确定性，容易焦虑。

【高危人群】

感理。

【发生机制】

感理习惯于依赖外界赋予的规则、条框来生活，"有例可寻""有规可依"可以让感理感到很踏实。感理一旦获得高度的自由、面对不确定性，就会感到非常不适应，甚至焦虑。

【解决方案】

解决焦虑最好的办法就是行动，用行动消灭焦虑源。并且，一旦采取行动，就会有随之而来的行动反馈，不确定性也会逐渐降低，焦虑自然会有所减弱。

【效果自述】

（1）工科感理男研究生

"对于感理来说，对抗焦虑最有效的办法就是去做，逐渐消灭焦虑的源头。最近写论文的时候，我有用到这一招。"

（2）感理男生描述感理姐姐

"二姐是感理，过年的时候，她认识了一个男人，让我去见见，把把关。我认为这个男人是理感。我对他的印象挺好，感觉他没有什么扣分项,是我见过的她的男友中我最欣赏的一个。但二姐还是非常纠结……我和她电话聊了两次,试图让她倾诉一下自己的想法。感理在面对'不确定性'问题,无法从外部得到足够的理性支撑时,就非常容易陷入纠结的状态。在第一次通话中,我尝试将她叙述的未来不确定的情况进行不同的解读,尝试给她提供更多的可能性,用来参考。当时二姐的状态是:能进行理性思考和多维度分析,但是无法得出一个比较明确的答案。在第二次通话中,我则试着将她引导到行动层面,让她做出一些行动,更加开放地和对方沟通自己的担忧和顾虑。"

§ 问题编号:5

【问题表现】

固执,爱钻牛角尖,不变通。

【高危人群】

感理、理理。

【发生机制】

因为社会化理性的存在,感理十分遵守规则。在成长的过程中,感理内化了许多条条框框,不仅以这些条框来约束自己,还会不自觉地以这些规则来要求他人。于是,"认死理儿"的感理常常会显得固执、不变通。

理理基本不会让复杂信息进入脑海,不愿意存在混沌的状态,这是理感和理理一个很大的差别。理理认识这个世界只遵循一条逻辑,就是"客观现实"。也正是因为如此,理理对人际关系的理解经常是有问题的,很多感性的人建立的(人际)规则他们无法理解。理理只关心目标,会坚守自己认定的客观现实,并且只要达到这一目标就满足了，并不在意因此而出现的人的因素造成的问题。所以理理在很多事情上的做法会显得固执、不变通、不近人情。

【解决方案】

感理需要通过学习感理分化说意识到自己的这一特点，并审视自己无意识地内化的那些条条框框，把它们提升到意识层面，认真地、批判性地思考它们的合理性，不再盲目遵守。同时，了解其他分化类型的特点，通过对不同分化类型的人的对比，跳出自己固有的、无意识形成的思维框架。

理理也要意识到自己的这一特点。意识到自己在人际方面的短板之后，理理可以选择科研等可以避免处理过多人际问题的工作，也可以多向感性的人请教人情世故方面的问题，提高自己的社交能力，或者直接与感性的人合作，彼此取长补短。

【效果自述】

（1）理科感理女研究生

"我理性的一面表现在生活中的各个方面。最重要的一点是我的规则意识。我从小就是一个模范学生，严格遵守各种规章制度。除了各种守则之外，我的心里还有一套自己的道德原则，比如，我从来不说脏话；在小组合作中，我总是把集体的利益放在第一位，优先完成涉及集体活动的任务；自己不作弊，也不能接受别人作弊，等等。虽然一直以来，这些规则在我眼中都是理所当然的，无论何时何地都要遵守，但是随着我接触的人越来越多，我发现，很多人其实并不会在乎这些事情，他们的想法、做法也和我不同。当然，不可否认的是，每个人的心中都有一套道德律，别人与我不一致也无可非议。我的理性的另外一个表现是，我是一个固执而且爱钻牛角尖的人。问题主要体现在小组合作上，已经不止一个同学告诉我，我有些时候太过固执,过于坚持自己的看法。而且我常常抓住一些细节问题不放手,但其实那些小问题并不会阻碍整个任务的完成,我过于纠结它们,反而影响了完成任务的效率。我意识到,我对自己想法的坚持和对细节问题的纠结实质上源自我对原则的绝对坚持,我缺少发散和变通。"

（2）理科感理女研究生

"学习感理分化说以后,我更少执着于什么是对的、什么是错的,什么有意义、什么没有意义。因为我明白了这样的纠结是感理的特点,其实没有必要去纠结。"

（3）理科感理女研究生

"感理分化说帮助我和男朋友避免了很多由社会化理性冲突导致的不愉快。身为感理,我意识到在我坚持的'理'中,有一些并不是一定要遵循的,过分坚持会让自己烦恼不断。更加致命的是,感理的社会化理性很大程度上并不为理理所理解,当感理滔滔不绝地阐述自己崇尚的'理'时,两人并没有形成有效的沟通。其实理理主张的理更加符合客观规律,如果去除感性情绪,和理理认真地沟通,感理可以抽离许多不切实际的社会化理性,受益匪浅。同时,当社会化理性对情绪的控制减小时,我的情绪能够在男朋友面前非常通畅地表达。在他面前我总是非常放松地展现自己原本的样子,这提高了我对这段关系的满意程度。"

§ 问题编号：6

【问题表现】

矛盾、敏感、爱纠结,压抑情绪,自我冲突。

【高危人群】

感理、低能量感感。

【发生机制】

先天的遗传感性和后天的社会化理性之间会不可避免地发生冲突。因周围环境对理性的推崇，感理的遗传感性常处于被社会化理性压制的状态，当遗传感性偶尔逃过压制、略有展现时，感理会立马表现出对自己的鄙视、怀疑，而后加大力度，再次压制感性。于是，在感性表达和理性压制的博弈下，感理难以形成统一、舒畅的自我，其表现就是爱纠结、常冲突。

低能量感感的感性触觉非常灵敏，但自身能量水平不高，所以会比较敏感，非常容易感受到外界的压迫（同样的情境对其他人来说不见得是压迫，比如面试或评价）。

【解决方案】

感理可以学习感理分化说，形成对感性和理性的正确认识，不再盲目、单一地"崇拜"理性，而是认识到感性不是羞耻的，它在人际关系中起着非常重要的作用。尝试接受自己的感性表达，可先进行一些小实验（比如发一些感性的朋友圈），得到周围人的正反馈后，接受自己的感性就变得自然而然了。

低能量感感应正确认识"敏感"这一属性对自己的意义，如它可以让自己体会更多人类的情绪、情感，并进行细腻的表达。

【效果自述】

（1）理科感理女研究生

"从很小的时候起，生活中的各种信息就在告诉我要做一个理性的人。做一个理性的人，才能明辨是非，才能更好地决策，才能获得成功……我一度认为感性是一种无能的表现。所以我一直希望自己是一个很理性的人，并且也确信自己就是一个理性的人，尽力表现出自己理性的一面，甚至当自己表现得过于感性时会觉得有点耻辱，想要否定自己的感性。

但是事实上,有时候只有自己才更了解自己,我身上有一些细节是我无论如何也无法否认和忽略的。首先,我是一个泪点很低的人。无论是看电影还是看小说,每每看到感人的地方,我都会想要流泪。甚至在与人聊天时,如果别人对我表示关心和理解,我也会很想流泪,但是一般情况下我能克制住。其次,我觉得自己的共情能力比较强,常常能够相对准确地捕捉到别人细微的情绪变化。他们会觉得很惊讶,不知道我是如何猜到他们的心思的,其实大概是因为我是一个情感比较细腻、心思比较缜密的人。再次,我非常在意别人的感受,如果我察觉到别人因为我的行为或者一些其他事情而产生负性情绪,我就会有一种内疚或者想要帮他们解决烦恼的冲动。最后,我是一个非常犹豫不决的人,会考虑很多与最终目标关系不大的细节因素,并且为此纠结,比如,我曾经花费将近一个小时挑选PPT模板。所以,虽然一直以来我都认为自己是一个偏向理性的人,但是我也确确实实在自己身上找到了一些感性的影子。"

(2)工科感理男研究生

"学习感理分化说后,我认识到自己本身是很感性的,无法改变,并接纳了自己。作为一个七尺男儿,我很容易感动流泪,是一个比较感性的人。我的情感波动比较大,很难控制,我会不好意思,所以会有意识地抑制自己的情感。学习感理分化说后,我更了解、接受自己了,也能更好地释放自己的情绪了。感理分化说认为,每个人既有内在的感性/理性,又有外在的感性/理性,内在的感性/理性是人天生的,外在的感性/理性是在成长中形成的。学习感理分化说的过程也是一个自我认知的过程。很多时候人们不了解自己,以及自己可以做些什么。但是如果我确定我就是这样的人,我更可能基于'我是这样的人'的前提条件,思考我能怎么样、怎么做。这是一种思维的转换。"

（3）理科感理男大学生

"学习感理分化说后，我接受了自己的分化类型，接受了在乎情绪的、纠结的自己。"

（4）28岁感理男生

"在应用感理分化说之前，我是一个怎样的人？我回顾了一下自己20多年的成长经历。小时候，我是一个感性的家伙。另外我眼睛弱视，看不清人脸，三年级以前对其他人的长相基本没有记忆，也一度没有朋友。三年级后，我才因为社交需要开始改变，跟在别人后面一起玩。小时候，我的父母脾气暴躁，不怎么关心我的感受。我一度不爱说话，喜欢自己一个人看书。渐渐地，我发展出了社会化理性的特点，有些鄙视感性，认为感情无用，世界应该用理性来衡量。大学时，我的理性程度达到顶峰，成为深度感理，不苟言笑，习惯用理性思维分析自我与世界。我的感性重新获得生存权是在我遇到开智学堂之后，开智学堂有一大堆感理学员，我们有相同的理念，这让我有了归属感。不过我真正改变是在我学会感理分化说之后，我发现自己原来是一个感性的人，最近我还在频繁地社交，发展了社会化感性的层面。"

（5）五名感理大一学生

"我是一个感理。上大学之前，我受社会化理性影响很大，不苟言笑，有时候内心很想做一些感性的事，但是这些想法都被我的社会化理性抑制住了。那时我感到很难受。因为太拘谨，我与同学相处得也不是很融洽。

上了大学之后，我学习了感理分化说，明白了自己的问题所在。我开始尝试发展自己的社会化感性，使自己的行动和言语与自己的内心相契合。比如，高中时我很少在班群里发言，很少在群里流露出自己的情绪。但上了大学之后,我放开了自我,经常在群里和同学开玩笑,也会表达出自己的各种情绪,我发现这样真的很舒服!而且,我发现周围的人也更加喜欢我了,我和大家相处得更加融洽了。我会继续发展我的社会化感性,处理好作为一个感理的内在感性和外在理性之间的矛盾。我相信我可以拥有很好的人际关系。"

"我本身是一个感理的人,社会化理性和遗传感性的构成让我可以较好但不是以我最舒服的方式处理人际关系。外在理性让我可以在大多数场合控制住自己的感情变化,以能让身边的人感到舒适的方式与他们相处;但内在感性总是让我轻易地因为一些小事或一两句话而产生情绪波动。外在理性通常会让我压下自己的情绪变化,但一旦控制不住,我情绪宣泄的方式往往不那么平静。若要改进的话,一是不要那么容易受一些小事或是人们的无心之言影响,尽量从友好的方向理解他人的言行;二是不要过分控制自己的情绪,要以平缓的方式将其释放出来,可以通过与他人交流自己的看法达到这个目的。"

"我的社交活动中有很多明显的情绪控制的痕迹。我的内心时常会升起有趣的念头,但考虑到它的意义不大,或恐惧得不到回应,影响心情,我往往会以多一事不如少一事的态度,把念头压下去。无目的、单纯为了开心的人际交流不在我的舒适区内。未来我会有意识地增加和他人互动的频率。"

"经过上课时的各种测量和学习,我想我应该是感理的人。我在人际交往中有时对情绪有明显的管理倾向,有时情绪表达不流畅或很少表达自己的真实情绪,总爱压抑自己的真情实感,因此在大部分人面前我是一个随和的人,但针对不同的人我又会有不同的人际处理方式。当我与血缘关系亲近的人交往时,我一般会表现出自己更感性的那一面;当我和交心的朋友交往时,我也会表现出自己内在感性的特点；当我和未交心的朋友或刚刚见面的人交流时，我倾向于隐藏自己的感性，表现出更理性的自己。在不同的人面前，我处理自己负面情绪的方法也不一样。面对熟悉的人，我的负面情绪有可能直接爆发；面对不太熟悉的人，我则可能刻意压抑自己的负面情绪。因此有人会评价我是典型的'闷骚'，有人会评价我有些'高冷'。我的改进方向是，在应对不同的人时都表现出感感的特征，不刻意压抑自己的情绪，向大家展现一个真实的自己，但在处理问题、解决问题时尽量表现出理性的一面，冷静思考、处事。"

"我和大部分朋友的关系仅仅是比较好而已，而真正和我关系很好的朋友比较少。因为我想要了解他人，却又怕过多地被他人了解。我想我要更加真诚地敞开心扉，减少顾虑，用更真实的自己去对待每个人，给他人了解自己的机会，做更明白的自己。"

（6）感感大一学生

"感感虽然宽容但心思细腻。对方中伤自己的话要努力不去在意，保持好自己的心态。"

§ 问题编号：7

【问题表现】

被人评价"高冷""难以接触"。

【高危人群】

理理、感理。

【发生机制】

理理的情绪唤起水平较低，日常多面无表情，对社交兴趣不大，很少主动与他人交流，因而被认为冷漠、难接触。

感理的情绪唤起水平虽然并不低，但是由于社会化理性对遗传感性的压抑、控制，感理总会在大家（除了非常亲近的人）面前表现出高冷的一面，因此不熟悉的人会认为感理不太友好。

【解决方案】

理理可适当尝试感性表达，比如多笑一笑，在人际交往中尝试主动搭讪等；感理要减弱社会化理性的控制，尝试释放出内心的感性。

【效果自述】

（1）五名理理大一学生

"以前我总是避免闲聊，以追求效率，现在我发现有时从闲聊中能获得更多。"

"感性的人乐于助人，如果自己周围有人遇到问题就会去帮个忙；理性的人则会想这个人以后能否给我带来利益或者对我有没有用。"

"我对人际关系的处理并不是太好，因为我总是不能主动地向别人搭话，而且对于特别热闹的环境，我反而会感觉到有一些不适应。一些认识我的人便以'高冷'一词形容我，因为我在一个集体中可能是最不活跃的那一个（虽然有时偶尔蹦出一句话能让人笑得半死），而且对一些特别热闹的活动完全不感兴趣。所以我认识的人大部分是与我性格相似的所谓的'理工男'，我或许与他们更有共同语言。我认为对这一现状的改进是刻不容缓的，因为对于刚进入大学这个新环境的我来说，这或许是改变自己与人相处的方式的最好时期，毕竟原来那种比较封闭的社交方式会让我的社交面很窄，而我现在要做的就是能更放得开、更勇敢，只有自己愿意主动靠近和接纳别人，才有可能认识更多不同的人。"

"我是理理，无论是外人还是亲近的人都认为我是理性的。我在其他人看来是个冷静、从容，有些高冷而较难接近的人，同时因为我平时总是面无表情，所以经常被问'是不是心情不好'。因为我理理的性格特点，很多人不敢搭讪我，朋友不敢开我的玩笑，觉得我会生气。也正因如此，我往往较难快速融入新环境，交朋友速度慢，知心朋友很少，朋友圈子不算大。但因为我从容冷静，不会轻易感情用事，与我比较亲近的朋友都很信任我，在遇到问题时会向我求助，询问有效的处理方法。我的工作伙伴喜欢与我共事，因为我目标明确、效率高，不会出现拖后腿的情况，但一些感性的工作伙伴有时会由于我太过目标导向而感到疲惫，故与我关系较好的工作伙伴中理性者偏多。我认为我应改变自己在外人眼中冷漠、古板的形象。我可以通过有意地增加面部表情和肢体语言等（如多笑一笑）来改善这一现状。同时，我认为自己还应改变气场，不要太过强势，让人觉得难以接近。我可以尝试改变说话的语气和用词，如：语气可以变得柔和一点，用词可以稍微活泼可爱一些，不必太过准确。除此之外，我认为我应有意识地培养自己的同情心，适当地尝试理解遗传感性的人的内心世界，理解他们情绪波动的原因，而不是一味地告诉他们没有生气或伤心的必要。"

"我自己是理理，我身边的朋友也大多是理理，这导致我目前的人际交往面较为狭窄，且朋友圈发布的内容比较单一。我与朋友喜欢阅读的文章也是同一类型的，我们大部分人都不喜欢运动。这些相似之处使我在与朋友相处时比较自在，但也限制了我的想象力，使我沉浸在一个小圈子中，我认为过多的相似之处并不完全是一件好事。"

（2）两名感理大一学生

"我是一名感理。在陌生人与不熟的人眼里，我是一个气场强，遇到问题冷静、理性分析，不冲动，不感情用事的人，所以他们心里会有点怕我；又因为我平常会控制自己的情绪，不在脸上表达我的愤怒和哀伤，故他们往往觉得我是一个高冷的人，不太愿意接近我、与我深交；我很多时候会在脸上摆出露八齿的笑（从小养成的习惯），导致陌生人或不熟的人会觉得我笑得很假，不真诚。在很熟的闺蜜、朋友面前，我不会那么'客气'，很多不顺心的事也会向他们倾诉，所以他们都觉得我是感性的。

综上所述，在我的人际关系中，我有很多浅交的朋友，他们对我也都很客气，长辈会觉得我是一个靠谱的、有能力的人，但我真正交心的朋友只有零星几个。我以后会尽力在陌生朋友面前放开自己，使表情丰富一点，尝试'卖萌'；逐渐抛开拘束，多使用肢体语言；体贴、关心别人，流露自己的小情绪；同时保持自己理性的一面，分场合表露情绪；变得幽默，能够与人开玩笑。综上所述，我会在表情、行为、语言上改进。"

"和亲密朋友相处时，我表现得很像感感，会将大量情绪轰炸出来。和普通朋友相处时，我表现得就更像感理一些，不会说太多或表露太多感情，或许那些刚认识我的人会被我的严肃、冷漠吓到。可能对和我关系一般的人，我还是需要温和一些，不然会拉低印象分。"

§ 问题编号：8

【问题表现】

与人交流时难以形成良好的互动，无法引起对方的兴趣，较难建立起亲密感。

【高危人群】

理理。

【发生机制】

理理非常擅长理解客观事实,他们的理性思维无可挑剔。但与此同时,由于理理的理性思维能力太强而感性不足,他们在和遗传感性的人沟通时会出现问题。一方面,由于他们的理性思维能力远超对方,他们不明白为什么其他人(以感性的人为主)听不懂自己的逻辑;另一方面,由于他们的表达过于理性,缺少感性的调剂,所以会略枯燥,难以吸引感性的人的兴趣。

【解决方案】

理理在向感性的人阐述自己的思想时,要讲究方法。在内容上,要多采用举例子、画图示的方式来促进感性的人的理解;在方法上,要多利用感性的小技巧来吸引对方的注意力,比如多开一开玩笑、多使用感性词语等。此外,理理可以和遗传感性的人分工合作,理理负责解决实际问题,而遗传感性的人负责处理人际问题。

【效果自述】

(1)理科理理女研究生

"我是理理,日常生活中我会装理感,尤其是在面试的时候。我装理感的方法主要是在描述某一事物的时候大量使用感性词语,这样容易拉近和他人的距离。以前,当我以逻辑严密的方式展开描述时,我可以感觉到对方的兴趣在流失,我觉得其主因可能是我的描述不够有趣。对于怎么使其变得有趣起来,我进行过很多尝试,感理分化说使我的策略更清晰了,比如多用段子、讲话的时候不要太认真(因为日常交流的信息量不大)、多开玩笑、多联系自己的经历等。"

(2)理理大一学生

"感理分化说中对我最有用的建议是'学习感感的待人和表达方式'。以前我讲话是很无聊的,有时我会无意识地按'是什么—为什么—怎么做'的逻辑顺序进行讲述。后来我知道可以学习受欢迎的感感的表达方式——'把无关的事情联系在一起',让表达更吸引他人。"

(3)24岁感理女性描述她的理理男朋友

"为了更好地沟通和互相了解,我鼓励男朋友学习感理分化说。慢慢地,我发现他也乐意做出一些感性的尝试,比如采纳我的建议,选购一些比较有个性和活泼的衣服,让他身边的朋友都非常惊讶于他的变化;或者学习感性的表达,即使有时他的审美还是非常'直男'(在连续三次收到花以后,我提醒他女性还喜欢很多其他东西),但是看到他的变化我已经很知足了。除了改善我们的关系,我也经常提醒他感理和理理有可能发生的社会化理性冲突,让他在工作的时候不要因为过于生硬的理性表达而损害人际关系,在阐明事实的同时照顾到感理的自尊。此外,我还向他描述了遗传感性个体的学习和认知形成特点,因为他经常为下属不懂他的思路而困扰,他的想法对于下属来说过于抽象。对此,我建议他在阐述自己的思路时多举感受性的例子。后来他反馈这样的方式确实提高了员工培训时的效率。"

§ 问题编号:9

【问题表现】

不经意间得罪人。

【高危人群】

感感、理理。

【发生机制】

感感情绪表达很通畅,不会刻意压抑、控制自己,因而有时会因直接将内心的想法或情绪表达出来,伤害到其他人。

理理虽然可以识别出对方的情绪表达，但由于理理本身并不太受情绪干扰，因此他们也不认为对方的情绪需要特别关注、需要给予回应。理理是任务导向，只要认为对方的情绪没有影响到目标的达成，就会选择忽视情绪。不关心情绪、只就事论事的特征导致理理常常在不经意间伤害到对方。

【解决方案】

感感要适当增加对自己情绪的控制，比如在向他人宣泄负性情绪时要注意适度，表达自己感受的同时也要多多共情对方的感受。

理理在陈述事实或完成目标的同时，也要适当照顾对方的情绪和感受，认识到情绪对其他人来说意味着什么。学习如何回应情绪，即便自己未必能够与之共振。

【效果自述】

（1）七名感感大一学生

"我会把喜怒哀乐直接表现在脸上。"

"我需要克服自己容易意气用事的问题，不能有话就不过脑子地直接说出来，应考虑对方的感受，即尽量三思而后行。"

"我的缺点主要是话太多，不会三思而后行，做出的决定和行为比较感性，很容易不经意地伤害到别人，也伤害到自己。我需要明白这世界上有很多不同类型的人，我要学会与不同类型的人相处，说话和做决定前也要加入理性的思考。"

"我需要合理控制自己，避免太兴奋，让对方不适。"

"我做事要理性一些，表达情绪要含蓄一些，不要总故意用可爱的语气说话，并不是所有人都喜欢这样。"

"我认为自己能较好地处理人际关系，因为在情绪表达的流畅度与程度上，感感情绪通畅、表情自然、身体多部位共振，我能较容易地体会出他人的情绪并据此做调整。但我认为我个人的情绪表达太过直接，或者有时过于剧烈，在某些环境下可能会伤害他人或使别人内心不舒服。对此，我可以采用更理性的情绪表达方式，让自己在情绪表达流畅的同时多一些克制，让自己更受欢迎。"

"我和大部分同学都很合得来，且交际圈较广，朋友多，这得益于我乐观热情的性格。然而，过于热情可能会造成部分同学的不适（有的人不擅长与人接触），而且有时祸从口出，我可能会在无意中伤害某人而不自知。所以这个分化类型（感感）对我来说就像一把双刃剑，它给我带来了朋友，也让我失去朋友（因为我比较情绪化，生气时甚至会迁怒于人，经常伤了来安慰我的人的心）。我可能要控制一下自己的情绪化，在做事之前先用理性的思维思考一下，让自己做事更不留遗憾。"

（2）四名理理大一学生

"理理语言表达较简练，语言精度较高，时常冒出一些戳心的句子，和我不太熟的人可能会因此心存芥蒂，我以后要更注意这一点。"

"有时我的过于理性会造成一些问题。比如期中考试后大家想出去玩，放松一下，我却想着还有期末考呢，结果就扫了大家的兴。"

"我是一个理理。在人际关系方面，我对他人情绪的感知能力较差，处理事情时更优先考虑逻辑分析和处理，而非他人感受，因此有时显得有些冷漠、不近人情。但其实我很想体谅他人感受，只是感觉不到，或没想到那一层面。以后思考时我要提醒自己更关注他人感受，行事时加入这种考虑也会更加周全。"

§ 问题编号：10

【问题表现】

亲和力有余而威慑力不足，容易被低估工作能力。

【高危人群】

感感。

【发生机制】

感感情绪表达通畅，多数较活泼，由于大家对感性的刻板印象，感感的能力容易被看轻。

【解决方案】

在求职场合，感感可以适当展现出理性，增强自己的气场。此外，感感可以准确认识自身特点，找到适合自己的职业岗位，发挥感感具备的"润滑剂"作用，与其他类型的人合作，各司其职。

【效果自述】

两名感感大一学生：

"有需要时我可以模仿感理，增强自己的理性气场，以获得晋升机会。"

"我有着感感不喜欢当'官'的特点，活动中我更喜欢扮演'联络者'的角色，因为觉得用自己的想法支配别人不如当'润滑剂'自在。"

§ 问题编号：11

【问题表现】

容易轻信他人。

【高危人群】

感感。

【发生机制】

感感的人感情丰富、内外如一、为人简单，因此容易轻信他人。

【解决方案】

提高防范意识，面对陌生人时多使用理性进行分析，或向身边理性的人求助，寻求建议。

【效果自述】

感感的大一学生："因为我是感感，在面对亲人、朋友、陌生人时，我都会表现得很一致，而不像感理和理感那样，面对与自己亲密程度不同的人会更倾向理性或感性。也正是由于我的一致性，我很容易交到朋友。但是由于我是一个不太理性的人，对陌生人不设防，我很可能上当受骗。"

§ 问题编号：12

【问题表现】

容易被孤立。

【高危人群】

理感。

【发生机制】

由于理感具有良好的先天理性及后天感性，所以无论是面对逻辑任务还是人际关系，理感都能够独立地胜任，而不像其他三种分化类型的人，或多或少都有自己不擅长之处，从而需要和别人合作。因此理感缺乏合作能力，容易被孤立。

【解决方案】

增强合作意识。

【效果自述】

理感的大一学生:"作为理感,本人常常因为认为自己能够很好地完成某一事务而忽视合作。在日后的工作、学习中,我应该注重合作,一来减轻自己的负担,二来避免给他人留下'自大'的印象。"

§ 问题编号:13

【问题表现】

易与陌生人交朋友,却难以建立亲密关系。

【高危人群】

理感。

【发生机制】

由于理感在社会化过程中发展出了良好的社会化感性,他们很容易与不熟悉的人打成一片。但在逐渐深入了解的过程中,对方会发现理感并不如之前表现得那么热情、那么感性(因为理感的遗传理性),这种落差会导致双方很难进一步建立起亲密关系。对理感的女性来说更是如此,因为遗传理性与社会对女性的刻板印象不相符,所以理感的女性在亲密关系的建立上会遇到更多的困难。

【解决方案】

与感性朋友进一步深交时,要留意不要让自己的"理性"把对方吓跑,适当地继续表现出自己的感性。

【效果自述】

理感的大一学生:"作为一名理感,在对我不够了解或刚认识我的人的眼中,我往往是感性的。外向、容易沟通、随和等一系列标签,让我交朋友的过程一直都很顺利。随着交往的深入,对方与我接触的机会逐渐增多,对我的了解也更为深刻,原本理所当然地认为我应该表现得十分热情,但骨子里的理性时常让我表现得较为'冷漠',对方会因为这样的落差而觉得我难以捉摸,导致关系发展受阻。因此,本人较为亲密的朋友长期较少。但在与被我完全认可、接纳的人(如挚友、家人、部分老师)的交往中,我常常会表现出感性的一面,热情、真诚,对对方较为关心,因此与我关系亲密的人对我的评价往往极高,彼此的关系也十分融洽、友好。关于改进方向,我以后会争取'过渡自然',随着对方与我关系的发展(从浅交到深交),更多地表现出我感性的一面,避免过于理性地剖析对方,不要给对方留下'捉摸不透'的印象,阻碍关系进一步发展。"

5.3 按分化类型整理的人际关系问题解决案例集

我按照四个分化类型分类收集了各类型的人可能遇到的问题及解决办法,供大家按图索骥,改善自己的生态位。

5.3.1 感理类

1. 中能量感理妻子解决两个家庭相互适应的问题

"我老公是理理,我的感理爸妈一开始对他有比较大的偏见,觉得他很冷漠,不好接近,头脑还不是特别灵光。后来我教了老公一些感理认可的简单的礼节性行为方式,比如主动找话题、积极回应,以及过节的时候打电话问候之类的。我爸妈现在对他渐渐有所改观。

对比之下，我婆家比较鼓励感性表达。一开始我习惯以原生家庭的方式和婆家人沟通，觉得他们的情绪表达太丰富，而我太拘谨，和他们不在一个频道。后来我觉得感性表达更直接一点也挺好的，对我来说转变沟通方式也不是太困难，所以我现在会经常开玩笑，乐呵呵的，而且有什么想法会直接说出来，然后和对方一起讨论。情绪表达变得顺畅以后，我也感到很舒服。"

2. 低能量女感理与感感合作解决感理辐射力有限，内归因过重的问题

"我的能量不是很高，或者说是间歇性地高，所以有时候没办法应付很多人，或者把能量辐射给比较不熟悉的人会觉得有点累，就不想理他们，但是有的时候又需要向这些人寻求帮助，后来我就让感感帮我。比如发问卷时，感感会帮我把问卷发给她们班的同学；借阅学习资料时，感感会帮我向他们认识但我不认识或者不熟悉的人借。我的感性和能量只需要辐射给感感就可以了。

感感还有一个优势，就是她们擅长外归因，所以如果我由于对某事进行了内归因而感到难受，就会向他们倾诉，问他们还有什么原因可能导致了这一事件的发生。"

3. 感理遇上一个看似冷漠的人，怎么和他接近

"如果一个人比较冷漠，我会觉得他可能不太好接近，但是如果加了好友，看了他的朋友圈，发现他是感理，再接触时我就会比较放心，会觉得对方的感情还是很丰沛的，不像外表那样冷漠，是可以一点一点打动，与他们成为朋友的。"

4. 感理让感感帮忙判断他人的分化类型

如果感感了解了感理分化说，他们对与他们接触得多的人的分化类

型的判断会比较准确，就算对其中的一些不确定，他们的判断也会令我觉得挺有道理的，可能是因为他们的感觉更直接。

5. 中能量男感理化解和理感的潜在冲突

"之前我参加了一次沙龙，当时的主持人是一个法学院的师姐，应该是理感，说话很直。她问我一个情境问题中当事人做法的对错，我一开始说，这没有绝对的对错，从 A 的角度来看是这样的，但是从 B 的角度来看也是合理的。她就说，你这样等于没说（她觉得人需要有一个鲜明的立场）。于是我改口道，我更喜欢 A 的做法，因为他的思路更符合社会现实，然后她就满意了。"

6. 中能量男感理化解和理感的冲突

"对遗传理性的人，我会尽量把话说得清楚一点，让他们能抓住逻辑。我记得有一次比赛中场休息时我和一个队友吵起来了，但是下半场我们就和好了，而且激励了彼此。我们一起打了这么多年球，深知为了赢，必须相互激励。因为他是理感，所以我觉得直说他的错误也没问题。对感理就不能直接说。"

7. 低能量感理应对感感上司的管理风格

"我开始能够认识到感感和我的思维方式不一样了。以前我会觉得我传达什么，对方就能接收到什么，所以我很容易误以为对方理解了我的情绪，而其实没有，然后我们就会产生矛盾。现在我也能够对别人宽容一点了。以前我看不惯别人逃避问题，后来我才知道感感对谁都一样，并不是针对我，就更能接受这一现象了。此外，我学习了一些感感的表达技巧，如通过示弱处理一些矛盾。当我的老板不回我消息的时候，以前我会抱怨他，现在我会示弱，效果挺好。"

5.3.2 理理类

1. 理理解决和感感老公日常沟通的节奏问题

"我是理理,思维偏工具性。我老公是感感,总向我抱怨或讲述工作中的事情。之前我总以为他在向我求助,可是有的时候,他只是需要一个树洞,但我又分不清应该在什么时候提供解决问题的方法,什么时候当树洞。所以我让他在讲述之前先告诉我是否需要帮助,如果不需要,我就可以神游了。"

2. 低能量理理选择合适下属

"我在选择合作伙伴的时候会运用感理分化说,比如,面试别人的时候,我会强迫他们暴露自己,然后判断他们是否胜任。但是通过日常交往判断分化类型没有那么快,因为在日常交往中,使人们暴露自身的外在行为线索不像面试情境下那样出现得那么频繁,我也不能像面试中那样控制他人的行为。我们的设计师是我用这种方法录用的一个感感,他是比较胜任的。用感理分化说来判断候选人快速、精确,效率很高,可以迅速判断出他有没有确定的职业规划,能不能做好这份工作。简单、有效地选择合适的员工,还有助于我提高绩效。"

5.3.3 感感类

1. 高能量感感如何面对无法升职的情况

"我之前疑惑为什么我很努力地工作,工作却没有很努力地回馈我,我一直没有升职的机会!我把它归结为自己没有遇到伯乐,没有遇到赏识我的领导。学习感理分化说以后,我了解到我这种感感的人不太适合受国有企业条条框框的束缚,太容易脱离规则,不容易控制,所以很难给领导'安全感'，得到领导的真心认可。我现在也不太抱怨日常工作的枯燥了，在完成好本职工作的前提下，我又适当地做了一些开发性质的业务，没有出格，也没有过分保守！"

2. 感感与感理合作解决在不同陌生人际场景中的不适问题

出去吃饭或出去玩，要叫服务员或者向陌生人询问什么的时候，感感会自己出马；但是如果情况很混乱或者感感很慌张的话，他们就会请感理出马，因为他们自己已经说不出话了。

3. 低能量感感应对感理在不同场景中的不同情绪表现

"学院里有位老师平时和蔼可亲，但是如果触碰到他的利益，突然间，他的情绪就会特别失控，仿佛变了一个人，特别凶，然后带着情绪和你说话。刚开始我很不理解，觉得他是在针对我。但是后来我想了想，好像他并不是这种人。之后每次他很着急地和我说话，我都会很冷静地帮他解决问题，问题解决了以后，他整个人马上会恢复平时和蔼可亲的样子。现在我能够理解这种人，能够以比较冷静的状态去对待他，而不会想他是不是故意针对我了。这一点我比较有感触。"

4. 感感女研究生在考研辅导中因材施教

"之前做考研辅导的时候，我带的三个人是完全不同的类型，一个是低能量理理，一个是感理，另一个是负能量的感感。感理分化说帮助我因材施教，以不同的侧重点去辅导他们。对于低能量的理理，我没有给他安排很重的任务，主要训练他的答题技巧以及理论结合生活实际的能力。对于感理，我给他安排了较多的任务，主要训练他的框架感和深入分析问题的能力。对于富有负能量的感感，我通过不断地'画大饼'，无条件地积极关注他，以及把理论知识简单化、情境化的方式来降低其焦虑。"

5.3.4 理感类

1. 中能量理感教师解决高能量感感学生不遵守课堂纪律的问题

"在大学当老师，课堂纪律是个棘手的问题。孩子大了，不好管。一次，我首次给一个大一班级上课，一个男生坐在最后一排，一直和旁边的人有说有笑，我在讲课过程中提醒了他两次，竟然没用。到了讨论环节，我走过去说，'你跟我过来一下'。他有点慌，但更多的是蛮横和不服，硬是不动。我好说歹说，把他叫到了教室前面的一角。他一步三摇，满脸的不屑。我心想，碰上硬骨头了，如果处理不好，课堂上爆发师生冲突，对谁都不好。我的一些同事往往会严厉地要求学生遵守学校规章纪律，但个别学生不吃这套，你越强硬，他就越强硬，效果很不好。我当时判断这个孩子很感性，心想，我给你来个以柔克刚吧。到了教室的角落，我出其不意地表现出感性的一面，说，'小伙子，你当了很多年学生，但你可能不了解老师。作为一名年轻老师，我很在乎同学对我所讲内容的反应。你刚刚的表现让我怀疑我讲得非常差，同学一点都不喜欢听。我心中是很难过的。如果你对我的课程不满意，可以私下提醒我啊，给我个面子，也帮我改进'。我感觉到自己的眼圈有点红了，也看到了这小子的惊讶和惭愧。他向我道歉，保证以后上课好好表现。这一战我赢了。一直到期末，他都表现得非常优秀、积极，比一般同学和我更亲近。毕竟，我们俩交过心。"

2. 中能量理感解决社团内的任务分配和管理问题

"在校学生会实践部的招新和初次工作周期中，我弄明白了每个新生干事的分化类型，以及怎样的交流方式能使他们感到舒服。对于感理，我们可以放心地分配任务，他们的积极性也高。但理感的积极性稍低一些，需要更严格的监督。我们暂时还没有遇见特别明显的感感或者理理，可能是被我们筛掉了。对于我们部门来说，感感喜欢抒发感情，且做事不够严谨，理理对于社团内部建设作用不大，因此我们较少选择他们。不得不说，我们看人还是挺准的，部门新生干事中感理、理感的比例大概是1∶1，感理多一点，这个比例是比较合适的。"

3. 理感女研究生理解了理理导师的精细要求

"以前我一直很不理解导师在细枝末节上的要求，并且有时候会觉得很烦琐。后来我知道导师是理理，是一个很严谨、追求完美的人，就有耐心多了。"

4. 理感妻子改变对感理老公的认识和与他互动的方式

"过去，我经常以我自己认知的世界为基准，认为他的做法不合理，认为他不可理喻、没法沟通。知道他的思维方式后，我开始试着认同他为人处世的方法（社会适应），学习并感受'感'带来的人际关系的亲近，甚至在今年开始尝试以人际关系为核心内容的工作。

我与他的互动采取以下策略。

（1）接受他非理性的思维方式，尊重他的世界的存在，不与他探讨'理'的话题。

（2）接受他的'理论'和实际应用有断层，两者不能联结的客观事实。

（3）发挥自己'感'的部分与他互动。

到目前为止，虽然我们的生活问题没有得到解决，但我'拯救世界的使命感'减弱了，生气的程度及频率都降低了。尊重各自的世界，其实也是自我修养的提升。"

5. 理感学生学会向特定分化类型的人就特定问题求助

"接受感理分化说后,我真切地发现身边朋友、同学对事情看法的实质性差异。感理分化说有很多对现实中具体操作的建议:①专门找理理或理感的同学、朋友解决学习上的问题,一来他们擅长学习,二来他们会对问题产生好奇,一来二去可以增强彼此的好感;②不同分化类型的人在一些待人接物的事情上的选择可能有明显的不同,如在集体中与他人相处时,可以和遗传感性的人进行有趣的交谈和互动游戏,而要使理性的人满意,你则需要拿出实质性的项目或材料;③情感问题的咨询和谈话要找感性的朋友,这毋庸置疑。综上所述,感理分化说给予我的启示更多的是认识对方的分化类型再做出行动,对我而言它是一个有用的分析工具。当然,为了更好地适应人类社会,理性和感性都要强化。"

5.4 可供性概念的掌握

生态心理学认为可供性是理解人-物关系的核心概念,它直接描述了人-物关系(Gibson,1976),是环境提供给生命的行为可能性。可供性的概念虽然表面上简单,但非常底层,其辐射的现象也很广泛,几乎任何人物交互的过程,都能通过可供性的概念来解读。诺曼(Norman)的工作把可供性的概念引入了设计领域,不同领域的心理学研究也对可供性的概念有所引用。然而,它还没被引入与日常生活相关的心理学研究。可供性的概念通常只作为立论或佐证的支撑。除了可供性的知觉研究外,很少有研究把可供性作为底层理论,推演他们的研究。可以说,可供性基本还没进入主流的心理学研究。

可供性难理解、难研究，最主要的原因是人很难抛弃自我中心视角。例如，创新对于每个人来说都是比较困难的，每个人创新的层面又都有所不同，这使得你在做创新时，别人是否在做同类的创新或者别人能否给你做指导都是存疑的，产生这样的疑虑，是因为你不能理解可供性且难以抽离自我中心视角。所以在帮助别人理解可供性概念时，我会举一些我个人的经验或者其他人与物质相关的创新的例子，但是这些例子仍然是有问题的，因为例子脱离历史的发展，脱离了其不断更新的过程，会使人们较难理解和延伸。

所以在什么样的情况下才能快速理解可供性呢？例如，我带的学生看到了我某项创新连续发展的过程，如果他同时学习可供性这个概念，那么他就能够比较快地理解其含义。又如，你自己进行一项创新，然后我不断地提示你哪个地方体现了可供性，直到你顿悟的那一天。上述的这两种方式都是师徒教授的方式，它的影响范围是非常小的。并且不同的人接收信息的速度和理解的程度不同，特别是对于感性的同学，要做到自我抽离是非常困难的；理性的同学也不是每个都能比较轻松地理解可供性，即便能比较轻松地完成概念加工，要更好地理解可供性，还得进入感受加工。

故而，通过师徒教授的方式来传播可供性概念是非常受限制的，通过文字传播也很难，一定要有理解可供性的丰富经验做支撑，所以即便像科学家这么聪明的人，懂可供性的也不多。那还有没有其他更好的方法呢？我发现了一个很好的方法，这里我们以了解筷子的物质形态发展史为例。受汉文化的影响，日本和朝鲜半岛的居民也学会了用筷子进食，然而随着历史的发展，筷子在三个国家发展出了不尽相同的形态。中国的筷子相对较长、较为厚重，筷子主要是木质的；日本的筷子虽然也是木质的，但是相当短，并且是尖的；韩国的筷子则是金属材质的，很扁平。

中国人相对于日本人和韩国人来说，吃饭时一般坐餐椅，由于盘子离座位比较远，所以中国的筷子比较长。并且，与韩国人吃米饭时使用勺子不同的是，中国人甚至在吃米饭时使用的也是筷子，因此中国筷子不仅长，而且很厚实。中国筷子的材质为木质的原因是，在这三个国家中，中国的食物最为油腻，木筷子可以防止打滑。日本人吃饭多采用分餐制，食物离人很近，所以他们的筷子很短。由于日本人经常吃鱼，故而筷子比较尖，方便夹鱼和挑鱼刺。韩国筷子没有中国筷子长，也没有日本筷子短，但是更细，既可以夹起豆子，又可以在小碟子里面撕开泡菜。另外，韩国料理多呈"红色"，长期使用木筷或竹筷会使筷子染色，并且韩国人爱吃烤肉，木和竹都易燃，所以使用金属筷子也就顺理成章了。

当然，上文仅仅比较了三国饮食习惯对筷子形态变化的影响，重在让读者明白饮食习惯对可以做筷子的物质可供性的选择和制约。当然，筷子的发展还有很多影响因素，因为本书不是考古或历史研究的作品，细节就不赘述了。重要的是，正如这里对筷子形态发展史的思考，我们可以驻足于历史的任何一个节点，让学生回溯在这个时期某样物品的可供性是如何体现的，按照可供性原理和历史发展规律，思考下一步该物品又会往哪个方向发展。像这样不断地解释，不断地让学生去思考、去犯错误，并且隔一天或者隔半小时给他们一次反馈，就能够在相对短的时间内让学生经历感受和认识不断修正，概念不断冲击的循环过程，最终遗传感性的人就可能感知到可供性的概念，理性的人也能在理解的基础上认识到现象的多元性和丰富性。

通过上述说明，我们知道了目前可供性概念的最佳入门方法是结合已有物品的物质形态发展史去理解。那怎样才能知道自己对可供性概念的理解程度呢？对可供性概念的理解可以分为三个阶段：首先是概念理解阶段，可以理解可供性概念的字面意思，但还缺乏感受，需要更多不同于主体视角的经验进入，并开放地接收这些经验；其次是概念应用阶段，发现很多物品新的可供性，知觉可供性的阈限大大降低；最后是概念融入阶段，可以用互动的方式去看待整个世界，不再被物奴役，在和物的互动中获得控制感，真正享受物为己用的快乐和自由。因此，对可供性概念的理解在一定程度上能让人变得更积极，让人更好地和世界进行互动。

互动论的可供性概念能使我们摆脱自我中心，因为我们可以不断发现物质世界的新的可能性。这些可能性进而促进我们对自己作用方式、作用边界的正确思考，帮我们找到和世界交互的位置。对这个位置的认识和发展也会让我们摆脱过往固化的自我中心视角，并给自我找到一个有弹性的基地。这样可以间接促进自我的发展和完善。

可供性可以加强我们对周围物质世界工具的使用，能使我们更灵活地面对各种人造物，使它们更有弹性地为我们所用，而非固守人造物的功能指向。这能在一定程度上促进物品的再利用，有利于环境保护。

可供性的作用

建立在互动论上的可供性概念能使我们摆脱自我中心的视角。我课题组的同学大多是先接触可供性概念的，不过现在也有同学先接触的是感理分化说，因为感理分化说能立即让其感受到理论与其的关系。但是无论是从可供性还是从感理分化说的角度来切入，其实都属于互动论的视角，都能让你开始努力摆脱自我中心的视角，逐渐认识到自己和别人是有差别的，或者自己使用物质的方法和别人有所不同。

这样的视角可以让我们不断地发现世界更多的可能，并且这些新的可能也确实能够促使我们了解自己和世界相互作用的方式，知道自己作用于世界的能力的边界。这时候我们就能够建立起和世界交互时相对正确的定位，在这个位置的基础上继续认识和发展，进而在不断地完善和更新自我的过程中逐渐摆脱固化的自我中心视角，建立一个自己认为比较安全的具有弹性的基地。根据这个基地的状况，我们可以开始和周围的世界进行一次比较适宜而且真实的对话，慢慢地获得自由。我们可以看到，去自我中心的视角既发展了自由，也间接地促进了自我的发展和完善。

　　可供性的作用是非常基础的，它的奠基作用可能比感理分化说更大。我得出这一结论，一是由于我自身的理论认识就是这样发展过来的，即先接触了可供性，然后才在可供性的基础上提出了感理分化说；二是由于物质本身具有稳定性，比人更有确定性。当你不了解感理分化说时，会觉得人心难测，千差万别；但了解感理分化说后，你会发现人是可以把握的。虽然四个分化类型的划分具有模糊地带，少数处于模糊地带的人不能被明确地划分到四个分化类型中，但是这一理论至少让我们知道了各分化类型的差别和规律。不过关于人的规律要比物质规律复杂许多，所以对具有确定性的物质和主体关系的不断考察，是有助于去中心化的发展和互动关系的建立的，毕竟当一个人能真正和物质对话的时候，他就已经跳出自己的世界了。由此可见，人和物的互动非常具有奠基性的意义。

　　具体来说，可供性可以加强我们对周围物质世界中的工具的使用，让我们更灵活地面对各种人造物，使它们更有弹性地为我们所用，而不是受制于他人造物时给它们设定的功能指向。这也能在一定程度上促进物品的再利用，有利于环境的保护。当我们还不了解可供性概念时，物品的作用只局限于非常自我中心的"对我有用或没用",然而那些你认为没用的东西,过一段时间、换一个空间或者换一个情境,可能就能满足你的需求了;即便对你没用,也可能对你的邻居或其他人有用。

互联网的发展能够让人们意识到资源共享的可能性,例如,Uber(优步)的出现使我们发现移动态的空间其实可以进行一定程度的分配。只要路线吻合,多搭一个人既可以赚钱,又可以为别人提供便利。除了搭车服务,现在还出现了用 Uber 送菜、送快递等的服务。这些都是一个移动空间内的物质和人怎么优化空间分配的问题,其实也就是移动空间可供性的问题。一旦抓住了 Uber 核心理念的本质,在不同的空间和时间条件下,都可以用这个思路来分析可以对什么物质、什么事件、什么人进行优化。现在我们确实可以看到,Uber 功能的扩展空间很大,包含了诸多可能。这也提示了我们如何促进物品的再利用。"途家"和"Airbnb"(爱彼迎)就以将闲置的房屋空间提供给旅行者租住的方式,实现了闲置空间的再利用。这些都说明网络促进了我们对这个世界的空间和时间的全新理解。Uber 对可供性的利用在整个创新领域,尤其是社会创新领域十分突出,启发了一些相近思路和小规模应用的出现。

从上面的例子中,我们可以看到,可供性具有保护环境、共享资源、减少消耗的作用,相信其在未来的环保道路上可以起到相当大的指导作用。

5.5 有待进一步研究的主题

虽然 4 年来感理分化说研究得到了极大的丰富,但仍然有很多命题非常有意思,可以用感理分化说给出新角度的解读。但限于个人的水平和能力,我仍然没有完成,现在把初步的研究想法列在这里,如果同行有感兴趣的，可以去探索、去解答，你们的探索也许会让心理学有更广泛的影响力。

5.5.1 感理分化说对自闭症分型争论的启示

高功能自闭症（High-Functioning Autism，HFA）在 DSM-III-R（《精神疾病诊断与统计手册（第三版）》（修订版））中的诊断标准涵盖了社会关系、沟通和兴趣范围等方面的一系列症状。其中最主要的特征性症状是：

（1）互惠社会交往受损。

（2）语言和非语言交流受损（缄默、言语模仿、代词反转）。

（3）活动和兴趣受到限制。

阿斯伯格综合征（Asperger syndrome，AS）是一种主要以社会交往困难，局限而异常的兴趣行为模式为特征的神经系统发育障碍性疾病，在分类上与自闭症同属广泛性发育障碍。它是一种和自闭症有很多相似症状，但又不同的病症，这种不同主要表现为阿斯伯格综合征患者保有完好的语言能力和一般的智力能力。ICD-10（《疾病和有关健康问题的国际统计分类（第十版）》）对于阿斯伯格综合征特征性症状的描述如下：

（1）社会交往中的障碍（以不适当的、片面的、奇怪的方式或冷淡、僵硬、疏远的态度对待他人）。

（2）局限的、刻板的或重复的兴趣。

（3）没有普遍的语言迟滞（形式上的、迂腐的、长音的、重复的言语和/或不正常的音量调节；对言语的理解往往是字面上的）。患有阿斯伯格综合征的个体可能表现出非言语方面的异常（对目光接触的回避，不正常的语调或语量）。

绍特马里（Szatmari，1991）通过比较患有阿斯伯格综合征和高功能自闭症的儿童的早期历史和发展结果，发现：

（1）HFA 患者在社会反应能力、交流沟通和活动范围等方面会受到更多的损害。

（2）在 IQ 相同的情况下，HFA 患者花在特殊教育上的时间比 AS 患者长。

（3）对 HFA 组和 AS 组的被试进行包括智力、成就与神经心理测量的综合测试，测试分数表明，AS 患者在 WISC-R（《韦氏儿童智力量表》（修订版））中"类同"项目上的得分显著高于 HFA 患者；HFA 患者在运动速度和协调合作方面显著好于 AS 患者。

（4）言语表达上存在差别：AS 患者多使用迂腐、刻板的学究式言语和无韵律的声调，HFA 患者则会沉默、模仿和使用代词反转。

（5）AS 患者的专业化知识掌握得比 HFA 患者更多、更好。

（6）AS 患者的低级刻板行为比 HFA 患者更少。

（7）AS 患者的强迫思维比 HFA 患者更多。

（8）AS 患者的感知觉异常水平与 HFA 患者类似。

（9）AS 患者的死亡和存在焦虑水平比 HFA 患者更高。

需要说明的是，后五点来自临床医生的总结。

从这两种疾病的症状的对比来看，阿斯伯格综合征很可能是感理的病理表现，高功能自闭症则非常有可能是理理的病理表现。

从临床诊断上来说的确有差异，阿斯伯格综合征的诊断年龄通常比较大，早年容易被诊断为多动或感觉统合失调（动作笨拙）。而且阿斯伯格综合征患者往往有着高级、狭窄的兴趣，专门化的知识，比较强的自我学习能力。在情绪方面，阿斯伯格综合征患者从小就比较敏感，容易焦虑、担忧，青春期容易患上情绪障碍、强迫症。

以上临床特征与很多感理型的人的表现相似，虽然他们的程度没那么深，但都有这样的倾向。两相对照，可以推测阿斯伯格综合征很可能是感理的人的病理表征。

经典自闭症患者在社会适应方面的表现比 HFA 患者更差。经典自闭症的诊断年龄比较小，早期表现得像发育迟缓。有的患者直到 3 岁都只能说只言片语，不能说句子；有的患者 5 岁才能说句子，但是一旦开口，进步就会比较大，有追赶现象，考试一般不会不及格。经典自闭症患者一般比较温和，愿意配合一些，不怎么关心外界，比较幼稚，使他们产生情绪的问题都和环境因素有关，不像阿斯伯格综合征患者，使他们产生情绪的问题都是绕不过去的哲学思考或者解决不了的世界难题。

5.5.2 脑肠轴是区分感性和理性的生理基础吗

肠道也被称为人的"第二大脑"，它拥有大约 5 亿个神经细胞和大约 40 种神经递质。全身 95% 的 5-羟色胺及 50% 的多巴胺由肠道分泌，全身 90% 的神经信息也是从肠道传到大脑的。肠脑与大脑之间是双向互通的，通过脑肠轴（brain-gut-axis）进行连接。肠脑能够影响中枢神经系统，进而影响人的情感、认知和行为。默茨等（Mertz, Morgan, Tanner, et al., 2000）应用 fMRI 扫描发现，肠易激综合征患者在接受直肠内疼痛刺激时大脑皮质的活化程度明显高于接受直肠内非疼痛性刺激时的程度，脑图中可以看到明显的非活化区域，而健康志愿者无明显差异。

在研究肠易激综合征的过程中，我们对比发现，肠易激综合征患者基本都是感性的人，无论是腹泻型还是便秘型都是如此。而且患者的身心状态普遍会因肠胃问题而受影响，尤其是睡眠质量和生活节律。但腹泻和便秘对理性的人的影响就小很多，不会影响其睡眠，对其生活节律的影响也小，从这些影响中恢复得也快。之前有研究发现，三环类抗抑郁药治疗肠易激综合征有效（Crowell，2004），而抑郁症患者基本都是感性的人。

5.5.3　感理分化类型和性别一起影响社会适应

大多数寻求心理咨询帮助的人是女性。同样，心理咨询的学习者和从业者也是女性占多数。前文提到，女性相对感性，青春期后的抑郁症发生率也两倍于男性。性别因素的影响显而易见。如果结合感理分化说，那么我们还会得出什么结论呢？根据感理分化说的原理，认为自己需要改善社会适应程度的群体，按意愿从强到弱排列依次为：女感理、男感理、女理感、女理理、男感感、男理感、女感感、男理理。

这里涉及的具体因素是感理分化类型的冲突程度和社会对性别的不同要求。女性会有更多的情感波动，比如月经变化带来的情绪变化，再加上社会文化对女性有更多情感和人际关系上的要求，导致女性需要面对的问题更多。女感理身上两个因素的叠加导致她们的社会适应最容易出现问题。因此，将分化类型的冲突程度和社会对性别的不同要求导致的冲突结合，就可以列出上文中认为自己需要改善社会适应程度的群体的顺序，这个顺序基本与按人数比例排列的来访者类型对应。比如，我的团队在实践中发现，女感理占了来访者的多数，而男理理和女感感几乎不会寻求心理咨询的帮助，除非遇到重大外部事件以致个体生活不得不重构。

这个现象也许揭示了心理咨询行业的一些现象，比如：心理咨询圈学派林立，可能是感理的人解释系统的多元化造成的；个人影响有时会凌驾于方法之上，可能是因为感性的人注重体验和社会化理性；咨询关系如此强调共情的重要性，可能是因为感性来访者只有在共情基础上才能开始接受新的认识和改变，否则他们会产生阻抗，继而关闭接受的通道，拒绝咨询关系的建立。

基于分化类型的冲突程度和社会对性别的不同要求来考察社会适应的思路，应该还可以结合其他身心特点来进行，如此不断增加新的影响因素，对社会适应水平的解释应该会越来越完善。我们期待这样的整合性模型早日出现。

5.5.4 为什么之前的实验证据都倾向于认为感性优先无意识启动，而理性要努力有意识启动

在心理学的受众和学习者中，女性占多数，愿意参与实验的基本上是这些学习者。我们知道大多数女性都是感性的，这一点根据抑郁症发病率的性别比1∶2就可以推知。相应地，自闭症发病率的性别比为2∶1，也能说明男性更偏理性。肯来学习心理学的男性大多是感性的人。理性的男性参与心理学实验的动机很弱，一是不愿意进行过多和自己的生活无关的活动，二是认识不到做实验的价值，而被试费对他们的激励也很小。

除了心理学关注情感的属性使得受众和被试多是感性的人以外，大样本的研究方法也会使少部分理性被试的特征被忽略，而个案研究又无法通过大样本实验得到证实，这些造成了之前的大样本证据都支持感性优先启动、理性需要意志参与的事实。

5.5.5 中国文化领域的学者里为什么感理比较多

中国文化领域的大家的标准是博学强记,能够融会贯通之前的文献,并自成一体。这些都是感理最擅长,而其他分化类型的人很难达到的。感感、理理、理感很难同时加工或记忆那么多线索,他们加工的结构也很难形成文化系统,而是有精简化的倾向,很难做到记住哪些话出自哪本书,甚至哪一页。然而感理加工到这种水平虽也不易,但并不很难。

文化系统具有多元分散的特点,和科学理性的加工习惯是矛盾的。感理学者的整理符合文化系统的特点,包罗万象,兼具丰富的辞藻和优美的韵律,更符合文化传播感性体验为先的特征。

参考文献

[1] Quenk N L. Essentials of Myers-Briggs type indicator assessment [M]. New York: Wiley & Sons, 2001: 197.

[2] Asbury K, Dunn J F, Pike A, et al. Nonshared environmental influences on individual differences in early behavioral development: a monozygotic twin differences study [J]. Child Development, 2003, 74(3): 933-943.

[3] Barbieri F, Kruszewski G, Ronzano F, et al. How cosmopolitan are emojis? [C] // MM'16 Proceedings of the 2016 ACM on Multimedia Conference. New York: ACM New York, 2016: 531-535.

[4] Baron-Cohen S. The essential difference: the truth about the male and female brain [M]. New York: Basic Books, 2003.

[5] Baron-Cohen S, Knickmeyer R C, Belmonte M K. Sex differences in the brain: implications for explaining autism [J]. Science, 2005, 310(5749): 819-823.

[6] Baron-Cohen S, Leslie A M, Frith U. Does the autistic child have a "theory of mind"? [J] Cognition, 1985.

[7] Baron-Cohen S, Richler J, Bisarya, et al. The systemizing quotient: an investigation of adults with Asperger syndrome or high-functioning autism, and normal sex differences [J]. Philosophical Transactions of the Royal Society of London B-Biological Sciences, 2003, 358(1430): 361-374.

[8] Baron-Cohen S, Wheelwright S, Lawson J, et al. The exact mind: empathizing and systemizing in autism spectrum conditions [M]. Volkmar, Fred R. Diagnosis Development Neurobiology & Behavior, 2002: 628-639.

[9] Barsalou L W. Grounded cognition [J]. Annual Review of Psychology, 2008,

59: 617-645.

[10] Bezdjian S, Baker L A, Tuvblad C. Genetic and environmental influences on impulsivity: a meta-analysis of twin, family and adoption studies [J]. Clinical Psychology Review, 2011, 31(7): 1209-1223.

[11] Camras L A, Oster H, Campos J J, et al. Japanese and american infants' responses to arm restraint [J]. Developmental Psychology, 1992, 28(4): 578-583.

[12] Chou K H, Cheng Y, Chen I Y, Lin C P, et al. Sex-linked white matter microstructure of the social and analytic brain [J]. Neuroimage, 2011, 54(1): 725-733.

[13] Cohenbendahan C C, Van de B C, Berenbaum S A. Prenatal sex hormone effects on child and adult sex-typed behavior: methods and findings [J]. Neurosci Biobehav Rev, 2005, 29(2): 353-384.

[14] Crivelli C, Fridlund A J. Facial displays are tools for social influence [J]. Trends in Cognitive Sciences, 2018.

[15] Cruse J. Emoji usage in TV conversation [J/OL]. (2015-11-18) [2020-01-18]. https://blog.twitter.com/2015/emojiusage-in-tv-conversation.

[16] Degen A A. Ecophysiology of Small Desert Mammals [M]. New York: Springer, 1997.

[17] Dunn J F. Measuring oxygenation in vivo with MRS/MRI—from gas exchange to the cell [J]. Antioxidants & Redox Signaling, 2007, 9(8): 1157.

[18] Epstein S. The self-concept revisited: Or a theory of a theory [J]. American Psychologist, 1973, 28(5): 404.

[19] Epstein S. Integration of the cognitive and the psychodynamic unconscious [J]. American Psychologist, 1994, 49(8): 709.

[20] Epstein S. Cognitive-experiential self-theory of personality [M]. Millon T,

Lerner M J. Handbook of psychology: Personality and social psychology. New York: Wiley, 2003, Vol. 5: 159-184.

[21] Evans J S B T, Stanovich K E. Dual-process theories of higher cognition advancing the debate [J]. Perspect Psychol Sci, 2013, 8(3): 223-241.

[22] Feinman S, Roberts D, Hsieh K F, et al. A Critical Review of Social Referencing in Infancy [M]. Feinman S. Social Referencing and the Social Construction of Reality in Infancy, New York: Springer, 1992.

[23] Fischer K W & Tangney J P. Self-conscious emotions and the affect revolution: framework and overview [J]. Cancer, 1995, 16(5): 599-602.

[24] Funder D C. Personality Judgment: A Realistic Approach to Person Perception [M]. New York: Academic Press, 1999.

[25] Gibson J J. The theory of affordances [C]. Shaw R E and Bransford J. Perceiving, acting, and knowing: Toward an ecological psychology. New York: Erlbaum, 1977.

[26] Gili P, Gadi K, Ofer P, et al. Hereditary family signature of facial expression [J]. Proceedings of the National Academy of Sciences of the United States of America, 2006, 103(43): 15921-6.

[27] Goldberg L R. The structure of phenotypic traits [J]. American Psychologist, 1993, 48(1): 26-34.

[28] Goldenfeld N, Baron-Cohen S, Wheelwright S. Empathizing and systemizing in males, females and autism [J]. Clinical Neuropsychiatry, 2005, 2(6): 338-345.

[29] Goldin-Meadow S, Mylander C, Butcher C. The resilience of combinatorial structure at the word level: morphology in self-styled gesture systems [J]. Cognition, 1995, 56(3): 195-262.

[30] Gross A L, Ballif B. Children's understanding of emotion from facial expressions and situations: a review [J]. Developmental Review, 1991, 11(4):

368-398.

[31] Gross J J. Antecedent- and response-focused emotion regulation: divergent consequences for experience, expression, and physiology [J]. Journal of Personality & Social Psychology, 1998, 74(1): 224-237.

[32] Gross J J, John O P. Revealing feelings: facets of emotional expressivity in self-reports, peer ratings, and behavior [J]. Journal of Personality & Social Psychology, 1997, 72(2): 435-448.

[33] Gross J J, Richards J M, John O P. Emotion regulation in everyday life: sex, ethnicity, and social context. Manuscript in preparation, 2000.

[34] Grove R, Baillie A, Allison C, et al. Empathizing, systemizing, and autistic traits: latent structure in individuals with autism, their parents, and general population controls [J]. Journal of Abnormal Psychology, 2013, 122(2): 600-609.

[35] Hall J A, Pennington N. Self-monitoring, honesty, and cue use on Facebook: The relationship with user extraversion and conscientiousness [J]. Computers in Human Behavior, 2013, 29(4): 1556-1564.

[36] Holodynski M. The miniaturization of expression in the development of emotional self-regulation [J]. Developmental Psychology, 2004, 40(1): 16-28.

[37] Hu T, Guo H, Sun H, et al.(2017). Spice up your chat: the intentions and sentiment effects of using emoji [J/OL].(2017-3-8) [2020-1-8].https://arxiv.org/abs/1703.02860.

[38] Ingudomnukul E, Baron-Cohen S, Wheelwright S, et al. Elevated rates of testosterone-related disorders in women with autism spectrum conditions [J]. Hormones & Behavior, 2007, 51(5): 597-604.

[39] Izard J W, Doughty M B, Kendall D A. Physical and conformational properties of synthetic idealized signal sequences parallel their biological function [J].

Biochemistry, 1995, 34(31): 9904.

[40] Jaeger S R, Xia Y, Lee P Y, et al. Emoji questionnaires can be used with a range of population segments: findings relating to age, gender and frequency of emoji/emoticon use [J]. Food Quality & Preference, 2017.

[41] Kahneman D. Thinking, Fast and Slow [M]. New York: Farrar, Strauss, Giroux, 2011: 512.

[42] Kaye L K, Malone S A, Wall H J. "Turn that frown upside-down": a contextual account of emoticon usage on different virtual platforms [J]. Computers in human behavior. 2016, 60: 463-467.

[43] Kluft R P. Applications of innate affect theory to the understanding and treatment of dissociative identity disorder [C]. Vermetten E, Dorahy M, Spiegel D.Traumatic dissociation: neurobiology and treatment.Washington DC: American Psychiatric Press, 2007: 301-316.

[44] Kopp C B, Kaler S R. Risk in infancy: origins and implications [J]. American Psychologist, 1989, 44(2): 224.

[45] Kunda Z, Thagard P. Forming impressions from stereotypes, traits, and behaviors: a parallel-constraint-satisfaction theory [J]. Psychological Review, 1996, 103(2): 284-308.

[46] Lai M C, Lombardo M V, Chakrabarti B, et al. Individual differences in brain structure underpin empathizing-systemizing cognitive styles in male adults [J]. Neuroimage, 2012, 61(4): 1347-1354.

[47] Lawson J, Baron-Cohen S, Wheelwright S. Empathising and systemising in adults with and without asperger syndrome [J]. J Autism Dev Disord, 2004, 34(3): 301-310.

[48] Lee A C K, Tang S W, Yu G K K, et al. The smiley as a simple screening tool for depression after stroke: a preliminary study [J]. International Journal of

Nursing Studies, 2008, 45(7): 1081-1089.

[49] Lewis M. Embarrassment: the emotion of self-exposure and evaluation [C]. Tangney J P, Fischer K W. Self-conscious emotions: the psychology of shame, guilt, embarrassment, andpride. New York: Guilford, 1995: 198-218.

[50] Liang H, Eley T C.A monozygotic twin differences study of nonshared environmental influence on adolescent depressive symptoms [J]. Child Development, 2005, 76(6): 1247-1260.

[51] Lu X, Ai W, Liu X, et al. Learning from the ubiquitous language: an empirical analysis of emoji usage of smartphone users [C]. ACM International Joint Conference on Pervasive and Ubiquitous Computing. Heidelberg: ACM, 2016: 770-780.

[52] Marengo D, Giannotta F, Settanni M. Assessing personality using emoji: an exploratory study [J]. Personality & Individual Differences, 2017, 112: 74-78.

[53] Mccarthy M C, Lattanzi V, Kokkin D, et al. On the molecular structure of hooo [J]. Journal of Chemical Physics, 2012: 136(3), 11592.

[54] Mchale S M, Kim J Y, Dotterer A M, et al. The development of gendered interests and personality qualities from middle childhood through adolescence: a biosocial analysis [J]. Child Development, 2009, 80(2): 482-495.

[55] McIntosh D N. Facial feedback hypotheses: Evidence, implications, and directions [J]. Motivation and emotion, 1996, 20(2): 121-147.

[56] Miller R S, Tangney J P. Differentiating embarrassment and shame [J]. Journal of Social & Clinical Psychology, 1994, 13(3): 273-287.

[57] Mischel W. Toward an integrative science of the person [J]. Annual Review of Psychology, 2004, 55(1): 1.

[58] Mischel W, Shoda Y. A cognitive-affective system theory of personality [J]. Psychological Review, 1995: 102.

[59] Mouilso E, Glenberg A M, Havas D A, et al. Differences in action tendencies distinguish anger and sadness after comprehension of emotional sentences [C]. In D. S. McNamara D S, Trafton J G, Proceedings of the 29th annual cognitive science society.Austin, TX: Cognitive Science Society, 2007: 1325-1330.

[60] Nealson K H, Rye R. Evolution of metabolism [J]. Treatise on Geochemistry, 2003, 8: 41-61.

[61] Nettle D. Empathizing and systemizing: what are they, and what do they contribute to our understanding of psychological sex differences? [J]. British Journal of Psychology, 2007, 98(2): 237-255.

[62] Pecher D, Zeelenberg R, Barsalou L W. Verifying different-modality properties for concepts produces switching costs [J]. Psychological Science, 2003, 14: 119-124.

[63] Pierozak I. Le français tchaté: une étude en trois dimensions-sociolinguistique, syntaxique et graphique-d'usages IRC [D]. Doctoral dissertation, Marseille: Université d'Aix-Marseille, 2003.

[64] Plomin R, Caspi A. Dna and personality [J]. European Journal of Personality, 1998, 12(5): 387-407.

[65] Sassa Y, Taki Y, Takeuchi H, et al. The correlation between brain gray matter volume and empathizing and systemizing quotients in healthy children [J]. Neuroimage, 2012, 60(4): 2035-2041.

[66] Settanni M, Marengo D. Sharing feelings online: studying emotional wellbeing via automated text analysis of Facebook posts [J]. Frontiers in Psychology, 2015, 6.

[67] Baron-Cohen S. Autism, hypersystemizing, and truth [J]. Quarterly Journal of Experimental Psychology, 2008, 61(1): 64-75.

[68] Steensma C, Loukine L, Orpana H, et al. Comparing life expectancy and health-

adjusted life expectancy by body mass index category in adult canadians: a descriptive study [J]. Population Health Metrics, 2013, 11(1): 21.

[69] Stemmler G. Selective activation of traits: Boundary conditions for the activation of anger [J]. Personality and Individual Differences, 1997, 22(2): 213-233.

[70] Strack F, Martin L, Stepper S. Inhibiting and facilitating conditions of the human smile: A nonobtrusive test of the facial feedback hypothesis [J]. Journal of Personality and Social Psychology, 1988, 54: 768-777.

[71] Szasz P L, Szentagotai A, Hofmann S G. The effect of emotion regulation strategies on anger [J]. Behaviour Research & Therapy, 2011, 49(2): 114.

[72] Takeuchi H, Taki Y, Nouchi R, et al. Association between resting-state functional connectivity and empathizing/systemizing [J]. Neuroimage, 2014, 99(8): 312-322.

[73] Tangney J P, Miller R S, Flicker L, et al. Are shame, guilt, and embarrassment distinct emotions? [J]. Journal of Personality & Social Psychology, 1996, 70(6): 1256.

[74] Wakabayashi A, Baron-Cohen S, Wheelwright S, et al. Development of short forms of the Empathy Quotient(EQ-Short) and the Systemizing Quotient(SQ-Short) [J]. Personality and individual differences, 2006, 41(5): 929-940.

[75] Wall H J, Kaye L K, Malone S A. An exploration of psychological factors on emoticon usage and implications for judgement accuracy [J]. Computers in Human Behavior, 2016, 62: 70-78.

[76] Wang Y. Perception of meaning and usage motivations of emoticons among americans and chinese users [D/OL]. Rochester: Rochester Institute of Technology, 2004 [2020-01-14] .https://scholarworks.rit.edu/theses/4597.

[77] Wheelwright S, Baroncohen S, Goldenfeld N, et al. Predicting autism spectrum

quotient(aq) from the systemizing quotient-revised(sq-r) and empathy quotient(eq) [J]. Brain Research, 2006, 1079(1): 47-56.

[78] Wiener J, Koteja P. Mice, voles and hamsters—metabolic rates and adaptive strategies in muroid rodents [J]. Oikos, 1993, 66(3): 505.

[79] Yuki M, Maddux W W, Masuda T. Are the windows to the soul the same in the east and west? cultural differences in using the eyes and mouth as cues to recognize emotions in japan and the united states [J]. Journal of Experimental Social Psychology, 2007, 43(2): 303-311.

[80] Zahnwaxler C, Robinson J A L, Emde R N. The development of empathy in twins [J]. Developmental Psychology, 1992, 28(28): 1038-1047.

[81] Zheng L, Zheng Y. Butch-femme identity and empathizing-systemizing cognitive traits in Chinese lesbians and bisexual women [J]. Personality and Individual Differences, 2013, 54(8): 951-956.

[82] Zheng L, Zheng Y. Online sexual activity in mainland China: Relationship to sexual sensation seeking and sociosexuality [J].Computers in Human Behavior, 2014, 36C: 323-329.

[83] Zucker K J, Bradley S J. Gender Identity Disorder and Psychosexual Problems in Childern and Adolescents [M]. New York: Guilford Press, 1995.

[84] 谌小猛. 盲人大场景空间表征的特点及训练研究 [D]. 上海: 华东师范大学, 2014.

[85] 荣格. 心理类型 [M]. 南京: 译林出版社, 2014.

[86] 王玉山, 王德华, 王祖望. 高原鼠兔和根田鼠的最大代谢率 [J]. Current Zoology, 2001, 47(6): 601-608.

[87] 张怡, 等. 中国大学生自闭特征在共情和系统化上的差异 [J]. 中国临床心理学杂志, 2014, 22(3): 462-465.

后　　记

大概在 2010—2011 年，根据对双系统理论的理解，我提出了"情绪发动，理智管理，身心表达，工具延伸"这 16 个字来阐释个体的发展和变化规律。

2012 年，我带了两个非常有特点的研究生，他们不符合一般人印象中的性别刻板印象——一个胖胖的感性男生，一个瘦瘦的理性女生。在生活中，那个男生在社交场合充满活力，能让所有和他在一起的人都感到舒服；那个女生则一般非常沉默寡言，不善于交际，总是独来独往。这两个如此不同的学生让我反思：为什么会存在这样的反刻板印象个体？其实这种个体在心理学专业的学生里非常普遍。他们为什么会是这样的，为什么是他们来学心理学，来学习发展自我的专业？

除了这两个学生之外，还有一个保研的学生，他一直表现得为了批判而批判。关键是他的批判常常被证明是错的。这种情况一直持续到我指导他写硕士论文，直到那时我才终于分析出他这种情况的症结：他对真实意义的理解不良，最核心的是，其意义与语言是分离的。这就意味着他说的话和他实际理解的往往是不同的，尤其是在探索新事实的时候，意义和语言的分离变得尤为突出。但他能考上很好的大学，并取得了不错的学习成绩，保研成功。这也让我好奇，为什么会出现这种情况？

在了解了他的成长背景之后，这个问题的答案找到了。他有一个考上了清华大学计算机系的哥哥，打小他父亲就说他哥哥非常聪明，相当于两个他。在这种家庭内的社会比较下，他选择了学习理科，但他数学等科目的成绩其实也就处于中上水平，他最擅长的科目是外语。实际上，他选择了自己并不擅长的方向去努力。

在反思与探索了周围的种种事例之后，我开始从身心关系的可供性角度去分析他们的差别产生的原因，逐步发现认知-经验自我理论需要进一步的发展和更新。这时我开始整合其他双系统理论，发现大家虽然出发点不同，但双系统的区分基本一致，简单概括就是理性和感性两个系统。

我发现，我观察的对象的语言是不一样的，情绪是不一样的。我便以此为依据开始分类，将他们归纳为四种人，即感感、理理、感理、理感。分类探索后，又经历了实验验证的漫长过程，经过了不断的对比和重复。由于人与人差距巨大，要抛开外貌、身材等因素，看到相对抽象的语言和情绪的可供性是很难的；最终能落实在情绪、语言上，其实是因为有研究认知-经验自我理论的铺垫，铺垫过程早在感理分化说发展的两年前就在进行。对认知-经验自我理论的掌握帮助我在思考可供性时转换视角，帮我提取这些人的情绪和语言特点。

同时，我对之前提出的16个字的个体发展和变化规律进行了进一步的发展。首先，关于情绪发动和理智管理，研究发现，遗传理性的人对情绪发动的需求相对遗传感性的人来说较小，而对理智管理的需求比较大。当然，情绪发动，例如快乐的驱动，是所有人都追求的，只是遗传理性的人较少负面情绪的驱动。情绪发动和理智管理的关系让我们认识到人是以情绪系统为先的，但是由于四种感理分化类型的人最终的管理模式不一样，他们会形成不同的情绪发动和不同的理智管理。其次，感理分化说里还可以看到身心的表达。由于个体本身感理组合的差别，他们在身心表达上也不太一样，所以在感理分化说中，我们可以看到语言、情绪和伴随动作的差异。最后，工具延伸，例如坐卧、出行、穿衣戴帽的特点，都会因为前面三个方面的组合而成为你的延伸，它能影响环境及有形无形的物品。

这四个方面对于人来说是一个整体，故而每个人在改变自己、调整自己、控制他人、理解他人的时候，都要从这四个方面着手，一旦改变了其中的一个方面，就可能带动整体的变化，牵一发而动全身。当然，越底层、越靠前的结构的变化越会导致后面结构的变化，不过即使是工具本身的变化，例如环境的变化，也会导致个体行为模式的调整。环境心理学就在做类似的研究，通过环境心理学的一些原理，我们可以改变我们的一些身心表达或者感受。例如，如果可以合理地使用催产素，对于男性来说将起到很好的调节作用，能让他们体验到和之前不同的情绪感受，拥有社会互助的心态而去帮助别人，在催产素的效果消退以后，他们也可以反思自己前后状态的差别。这对男性，特别是有暴力倾向的男性来说，帮助应该是非常大的。

所以我们可以在不同的方面做工作。比如，在理智管理方面，我们可以教会别人理性的思维。对于遗传感性的人，我们可以用适合他们的理智方式去告诉他们原理，同时也要让他们知道自己和理性的人的差别。那么他们的努力就能以自己的物质条件为基础，同时向别人借鉴经验，并且能和别人形成很好的合作关系，而不是非要去为自己所不能为。这样便能进一步促进人与人的合作，使得人际关系在竞争和合作的调整上更偏向于合作，因为大多数目标只有通过合作才能够更好地达成。这个机制不光能带动个体，还能带动群体，至少是像家庭这样的小群体的变化；而家庭一旦优化，就能够带动整个社会的优化。

故而对这 16 个字的深入理解和对其互动性的深入同化，可以更好地使整个社会向融合及和谐的方向发展，同时每个人更能掌握自己的自由度，从而获得对世界的掌控感。

从目前的应用情况看，感理分化说这个理论具有很强的预测性，一旦知道对方属于什么分化类型，就能根据预测和对方轻松地沟通了。为什么会有这种效果呢？我在书中尝试性地分析了一下，大家若在实践中还有什么发现，欢迎补充。

感理分化说中提到的语言线索和情绪线索表现出了相当高的整合性和聚合性，这些线索基本都是围绕着某个感理分化类型进行表达和建构的，这就为学习者掌握这个理论提供了观察、比较的途径，摆脱了人格特质形容词与个体心理、行为的对应分析中存在的解释缺乏针对性、灵活性的问题。感理分化说使学习者能够根据面对的个体进行总体判断，且能根据情境进行心理和行为脉络的预测，从而做出符合自身要求的准确判断。即使不能达到自身的要求，也可以通过和别人比较，学习不断提升判断准确性，或者直接采纳别人的判断。除了做出自己的判断外，学习者还可以知道同类型和不同类型的人做出的判断可能存在的偏差，进行自我校正。这大大地拓展了学习者的自主性，使得自主的社会发展成为真正的现实。

提高个体社会发展的自主性，主要是要处理好理性和感性、遗传和社会化这两个矛盾。它们本身就是影响身心关系的核心变量，不是无足轻重的概念。通过感理分化说的介绍，我们知道，它们是心理学研究人的基础性主题，也是能够贯穿生理和心理行为两个层面的主题，这两个主题同时具有特质和类型的双重属性，因此其影响辐射面很广，其内容也是系统全面的。因此，若学习者能够把握住这两个矛盾，并把矛盾的机制和发展把握得比较完整，那也就把握了这个理论中矛盾的辩证统一关系，在这个框架指引下，学习者将能快速整合、变通。

最后，期望这个理论能帮助更多的人成为他应该能够成为的那个最好的人！

性格解码

书号	书名	定价	作者
978-7-111-60198-2	内向者的天赋	49.00	[德] 多丽丝·迈尔亭
978-7-111-57505-4	爱的性格：内向者和外向者的亲密之道	45.00	[美] 马蒂·奥尔森·兰尼
978-7-111-58676-0	羞耻感	49.00	[美] 罗纳德·波特-埃夫隆
978-7-111-58415-5	语言风格的秘密：语言如何透露人们的性格、情感和社交关系	69.00	[美] 詹姆斯·彭尼贝克
978-7-111-53424-2	为什么受伤的总是聪明人	39.00	[美] 埃里克·麦瑟尔
978-7-111-53964-3	人格心理学：全面科学的人性思考（原书第10版）	65.00	[美] 杜安·舒尔茨

推荐阅读

决策与理性

作者：（加）基思·斯坦诺维奇 ISBN：978-7-111-52563-7

美国心理学会终身成就奖获得者 基思·斯坦诺维奇为面对复杂现代生活的你 量身定制的理性心理学入门书！

超越智商：为什么聪明人也会做蠢事

作者：（加）基思·斯坦诺维奇 ISBN：978-7-111-50927-1

高智商，就意味着能做出正确的、好的决策？错！理性心理学的开山之作，2010年格文美尔教育奖获奖作品

机器人叛乱：在达尔文时代找到意义

作者：（加）基思·斯坦诺维奇 ISBN：978-7-111-50179-4

如果《自私的基因》击碎了你的心和尊严，《机器人叛乱》将帮你找回自身存在的价值和意义。

自私：生命的游戏

作者：（德）弗兰克·施尔玛赫 ISBN：978-7-111-47702-0

堪称思想界的"黑客帝国"；媲美《失控》的震撼之作；德国最有影响力媒体《明镜》畅销书榜首

怕死：人类行为的驱动力

作者：（加）基思·斯坦诺维奇 ISBN：978-7-111-52687-2

3位美国社会心理学家 30年不懈研究 超过500次实验揭开你一切忧愁、不安和欲望的根源